Ziesel – Gedanken zur Zeit

Günther Ziesel

Gedanken zur Zeit

2. Auflage

L&L
Universitätsverlag
Leuschner & Lubensky

Entwurf des Schutzumschlages: Paul Mangold
Umschlagfoto: Foto Tropper

ISBN 3-900918-10-4

Gesamtherstellung: M. Theiss, Wolfsberg

Alter

Das Phänomen Zeit wird uns in keinem anderen Bereich unseres Lebens so deutlich bewußt, wie im Alter. Ich war schon versucht zu sagen, schmerzlich bewußt, weil ich, wie so viele Menschen von diesem Klischeebild beeinflußt bin, Alter sei ein negativer Aspekt.

Als ich Mitte 20 war, hatte ich Angst davor 30 zu werden. Trau keinem über 30, war ein geflügeltes Wort der Jugend der späten sechziger Jahre. Alt werden, das ist Nachlassen der Leistungsfähigkeit, hilflos werden, einsam werden. Der alte Mensch wird zu einer Randgruppe der Gesellschaft, denn die Gesellschaft, die den Ton angibt, ist die Leistungsgesellschaft, hat keinen Platz für den Schwachen. Sie sichert den Schwachen sozial ab, aber nur materiell. Pensionen, Altenheime, Pflegeanstalten. Sie sollen den Abend des Lebens schön machen. Ist dieses „schön" nicht oft eine schäbige Verlogenheit?

Haben Sie schon einmal in einem Altersheim eine alte Frau, einen alten Mann gesehen? Sie sitzen am Bettrand oder auf dem Sessel in ihrem kleinen Zimmer, es ist Sonntag. Sie haben ihr schönstes Gewand angelegt, dem man die Jahre deutlich ansieht. Sie warten. Sie warten auf Besuch. Die Stunden vergehen. Es wird Nachmittag, es wird Abend. Im Gang draußen läutet das Telefon. Es ist eines der längst erwachsenen Kinder der alten Frau, des alten Mannes. „Wie geht es Dir? Sei mir nicht bös', aber ich hatte heute wirklich keine Zeit, am nächsten Sonntag dann!" Der alte Mensch nickt, geht in sein Zimmer zurück und hängt seinen Gedanken nach.

Wir tun sehr viel für die alten Menschen, wir nennen sie nicht einmal mehr alt. Wir nennen sie unsere Senioren. Ist unsere Zeit nicht arm, wenn sie dem alten Menschen keinen würdigen Platz mehr einräumt. Wir haben Scheu davor, uns zum Alter zu bekennen.

Dem Alterungsprozeß ist alles in unserem Erdendasein unterworfen und seltsamerweise schätzen wir so manche leblose Materie vergangener Jahrhunderte überaus hoch ein. Jedes Jahrzehnt, um das ein edles handwerkliches Produkt älter wird, erhöht dessen ideellen und materiellen Wert, bruchstückhafte Reste antiker Bauwerke sind Pilgerstätten für historisch interessierte Menschen. Haben wir uns bei einer solchen Pilgerreise in die Vergangenheit überlegt, was wir an diesen stummen Zeugen geschichtlicher Epochen schätzen? Was sie uns so wertvoll macht? Es sind die Menschen, die diese Bauwerke, diese Gegenstände geschaffen haben. Ihr Geist, ihre Handfertigkeit, ihr Talent leben weiter in den Steinen, im Holz, im Ton und in all den anderen Materialien, die das Lebensalter des Menschen um ein Vielfaches überdauern.

Ich stand mit meinem Kind vor einem sehr alten Baum. „Warum können Bäume so alt werden?" fragte meine Tochter, „warum können sie so viel älter werden als Menschen?" wollte sie wissen. Oscar Wilde hat den Roman „Das Bildnis des Dorian Gray" geschrieben. Es ist die Geschichte eines Mannes mit einem lasterhaften, skrupellosen Lebenswandel. Dorian Gray läßt sich porträtieren und eine geheimnisvolle Macht ermöglicht es ihm, daß er selbst im Besitz strahlend jugendlichen Aussehens bleibt. Sein Bildnis aber altert und nimmt die häßlichen Spuren seiner Übeltaten an.

Der Traum ewiger Jugend ist von vielen Menschen geträumt worden und niemand braucht sich dessen zu schämen. Es wäre ja auch pervers, würden wir uns nicht am Liebreiz oder der Frische eines jugendlichen Körpers erfreuen können, an der Unbekümmertheit jugendlicher Lebensart. Wie sehr wir uns aber auch an diese äußeren Erscheinungsformen jugendlichen Lebensalters klammern, und wie sehr wir uns bemühen, den körperlichen Verfall und schließlich den Tod aus unserem Bewußtsein zu verdrängen, die Vergänglichkeit unserer irdischen Existenz können wir nicht besiegen.

So wird es auch wieder Zeit, dem Alter, der Endstufe unseres Lebens auf dieser Welt, einen ehrenvollen Platz zu geben. Wenn wir uns von einer großen Persönlichkeit verabschieden, wie erst jüngst von einem bedeutenden Wissenschafter, scheuen wir uns nicht, das Wort „alt“ zu verwenden. Und plötzlich bekommt dieses Wort eine andere Bedeutung: Es wird Synonym für würdevoll, weise, wertvoll. Auch dieser Mann war in den letzten Lebensjahren von den Gebrechen des Alters gezeichnet und doch war bei jeder Begegnung mit ihm die Kraft seiner Persönlichkeit spürbar. Ich kann mich an eine ganze Reihe von Menschen erinnern, noch lebende und solche, die schon von uns gegangen sind, Menschen, deren körperlicher Verfall die Ausstrahlung ihrer Persönlichkeit um nichts verringert hat. Aber auch Menschen, deren Namen die Geschichtsschreibung eines Landes nicht erwähnt, könnten in ihrem Alter einen hohen menschlichen

Wert darstellen, an dem wir vielleicht zu oft achtlos vorübergehen.

Ein Gespräch mit einem alten Menschen kann uns bereichern, wenn wir es verstehen, zuzuhören. Mir kommen von Zeit zu Zeit die Erzählungen in den Sinn, die ich von meiner Großmutter hörte. Sie sprach etwa von einer flüchtigen Begegnung mit dem Kaiser. Da wurde Geschichte lebendig, greifbar, nachvollziehbar. Sie sprach von Idealen, den Werten ihrer Jugend, ihres Lebens. Manches von dem ist in mir geblieben, hat mich geformt, hat mein Leben beeinflußt. Hoffen wir nicht alle, daß auch wir unseren Kindern das weitergeben können, was für unser Leben etwas bedeutet. Jeder Abschnitt unseres Lebens ist neu. Wir müssen in diese Zukunft hineinwachsen. Der alte Mensch hat uns diese Erlebnisse voraus. Für ihn sind sie bereits Vergangenheit, unveränderbar, unwiederholbar. Jeder Mensch glaubt, seinen eigenen Weg zu gehen. Würden sich die Spuren der Menschenleben, die Spuren aller Menschenschicksale in einer unendlich großen Sandfläche nachzeichnen lassen, so würden wir diese jeweils neuen Spuren sehen können, aber wir würden auch erkennen, daß jedes Sandkorn, das zwischen neuer und alter Spur liegt, eine Verbindung bedeutet. Jede Bewegung der neuen mit der alten Spur löst auch eine Bewegung der verschiedenen Elemente aus, manchmal schwach und kaum merkbar, manchmal so stark, als würde die Erde beben.

Ich meine, daß wir alle viel enger miteinander verbunden sind, als wir vielleicht wahrhaben wollen. Das sollte uns die Pflicht aufgeben, uns dieses Miteinanders zu besinnen. Die Menschen, die älter sind als wir, die vor uns auf diese Welt gekommen sind, haben uns den Boden bereitet, auf dem wir jetzt zu leben haben. Sie haben aus unserer Sicht vielleicht manches, vielleicht vieles falsch gemacht. Aber sind wir so sicher, daß unser Weg der richtige ist?

Herbert Eisenreich hat in einem seiner Aufsätze geschrieben, daß jeder Weg, den wir gehen, letztlich ein Umweg, vielleicht sogar ein Irrweg ist, daß wir aber aus der Sicht der Gegenwart gar keine andere Chance haben, als einen dieser Wege zu gehen. Alte Menschen sind diese Wege schon gegangen. Sie können uns vielleicht hilfreich die Hand reichen und dann wird selbst körperliche Hilfslosigkeit eines alten Menschen unbedeutend.

Wenn wir das erkennen, dann brauchen wir das Modewort „Senioren" nicht mehr gedankenlos nachzuplappern. Wir haben nämlich dem Wort „alt" wieder einen besonderen Wert gegeben.

Gedanken zur Zeit

„Zeit ist das nicht-umkehrbare, nicht-wiederholbare Nacheinander, das manifest, erfahrbar, bewußt wird, als Aufeinanderfolge von Veränderungen und Ereignissen in Natur und Geschichte. Gegenwart läßt sich als Grenze zwischen Nochnicht und Nichtmehr, als Grenze zwischen Zukunft und Vergangenheit bestimmen."

So steht es im Lexikon und so haben heute meine Gedanken zur Zeit begonnen. Gedanken müssen einen Ausdruck finden, wenn sie den anderen mitgeteilt werden sollen, sie müssen zu Worten werden, geschrieben oder gesprochen. Oft kann eine Geste der Hand, der Augen, des Körpers eines Menschen Gedanken deutlich machen.

Wie unendlich viele Gedanken wurden und werden nicht ausgesprochen, finden keinen Ausdruck, bleiben im Gehirn des Menschen, der sie gedacht hat. Wie viele Gedanken verändern sich, wenn sie in die Form von Worten gekleidet werden müssen, wie armselig erscheint uns manchmal unsere Sprache, wenn wir sie dazu benützen müssen, das zu sagen, was wir denken.

Wie oft wurde uns gesagt: Du kannst nicht immer aussprechen, was Du denkst! Manchmal glaube ich, das hat viele von uns geprägt. Als Kind schon hört man es. Als Warnung vielleicht, aber Warnung wovor? Worte können einen anderen Menschen verletzen, aber verletzt man den anderen nicht ebenso, wenn Worte nur Fassade sind, hinter der sich Gedanken ganz anderer Art verbergen? Es gehört zu unserer Zeit in einem ganz besonderen Ausmaß, daß Gedachtes und Gesprochenes nicht miteinander übereinstimmen. Das Maß dieses Auseinanderklaffens ist deshalb besonders groß, weil es die Massenmedien vervielfachen. Wir kennen die Szenen, wenn Politiker oder andere Persönlichkeiten des viel zitierten öffentlichen Lebens vor den Fernsehkameras das Versteckspiel mit fragenden Reportern mehr oder weniger kunstvoll betreiben. Man spricht nicht mehr nur zu einigen wenigen Menschen, sondern zu den vielen Millionen. Da wird es besonders bedeutsam, die Fassade so zu gestalten, daß sie dem gewünschten Ideal möglichst nahe kommt.

Die letzten Jahre waren besonders reich an Ereignissen, die zu großem Mißtrauen gegenüber jenen geführt haben, die Verantwortung tragen, und für das Tragen dieser Verantwortung auch entsprechend honoriert werden. Der Zeit – in diesem Fall im Sinne von Zeitalter definiert – den Zeitumständen, wird die Schuld gegeben, man überträgt die Schuld einem anonymen, nicht faßbaren Begriff. Wir kommen damit in einen Bereich, in dem wir uns selbst, das Wesen unserer Existenz, in Frage stellen. Es ist das wesentlichste Merkmal des Menschen, daß ihn sein Schöpfer mit einem freien Willen ausgestattet hat, mit der Freiheit, sich für das Gute, aber auch für das Böse zu entscheiden. Daraus resultiert jegliche Form von Verantwortung, die wir übernehmen können. Philosophen und Theologen, aber auch Rechtsgelehrte, haben viele Formen von Verantwortung definiert. Entscheidend für den christlichen Verantwortungsbegriff, der seit Jahrhunderten die Menschen Europas geprägt hat, selbst wenn sie fernab von christlichen Religionen gelebt haben, entscheidend ist, daß jede Handlung, die ein Mensch setzt, jede Entscheidung, die er trifft, letztlich in seinem Ermessen liegt.

Heute sind die weit verzweigten Zusammenhänge in Politik und Wirtschaft für den einzelnen schwer durchschaubar. Es liegt nahe, daß auch die Hierarchie der Verantwortungen nicht mehr leicht nachvollzogen werden kann. Die Flucht in die Anonymität, angeblich undurchschaubarer Machtkonstruktionen ist zu einem Zeichen unserer Zeit geworden. Haben wir aber wirklich das Recht, der Zeit Schuld an unserem Verhalten zu geben? Wir tun es selbst dort, wo wir nur für *einen* anderen Menschen Verantwortung zu übernehmen haben, für unsere Kinder, für eine Frau, für einen Mann. Auf eine große Gemeinschaft, einen Betrieb, ein Land, einen Staat übertragen, bedeutet dieses Abschieben von Verantwortung den Zusammenbruch der Glaubwürdigkeit. Einen Fehler zu machen, falsch entschieden zu haben, das kann jedem zustoßen, das wird von den anderen auch verstanden, sich dann aber so herauszureden, Schuld zu verschleiern, sich als Opfer dunkler Intrigen hinzustellen, das wirkt ekelhaft, das entwertet die Würde eines Menschen. Es müssen wieder mehr Menschen den Mut finden, zu ihrer Verantwortung zu stehen, dann aber im Falle eines Fehlverhaltens auch die Konsequenzen daraus zu ziehen.

Wir sollten jedoch optimistisch sein, aus dem Dunkel der Ereignisse der Vergangenheit wieder in das Licht einer noch unbestimmten Zukunft zu kommen. Wir selbst sind es, die diese Zukunft gestalten und wir müssen immer wieder den Mut zu einem neuen Anfang haben. Auf dem Platz, auf dem wir stehen, oder auf den wir hingestellt wurden, haben wir bestimmte

Aufgaben zu erfüllen. Wir können sie nur dann erfüllen, wenn unsere gesamte Persönlichkeit eine harmonische Einheit ist, die im Denken und Handeln zum Ausdruck kommt. Ich kann nicht beim Kirchenbesuch am Sonntag Christ sein und im beruflichen Alltag mein Christsein vergessen, ich kann nicht in der Familie Liebe und Verständnis für den anderen zeigen und im Geschäftsleben einen Kampf ohne Rücksicht auf die Existenz des anderen führen, ich kann nicht im Freundeskreis Toleranz üben und in der politischen Auseinandersetzung den Andersdenkenden mit Schmutz besudeln.

Sie könnten mir jetzt entgegenhalten: natürlich kann ich das, es gibt doch so viele, die es können und wir sind alle nur Menschen mit Fehlern, es ist doch schon gut, wenn ich wenigstens in Teilbereichen meines Lebens Ideale zu verwirklichen versuche. Ich glaube, wir dürfen uns mit einer solchen Einstellung nicht zufrieden geben. Die Zahl der in dieser Hinsicht Zufriedenen ist zu groß geworden.

Wir tragen die Verantwortung für die Zukunft, für die Zukunft als Zeitbegriff, aber auch als Entwicklungsphase anderer Menschen gesehen. Verantwortung ist – lassen Sie mich nocheinmal im Lexikon nachblättern – „Die Verpflichtung eines handelnden Menschen, die Folge des eigenen Handelns einer moralischen Beurteilung zu unterwerfen, diese Beurteilung zur Beurteilung seines Handelns zu machen und sich den Sanktionen zu unterwerfen, die mit der Beurteilung seines Handelns und den Folgen verbunden sind“.

Ich würde mir wünschen, daß der Verantwortungsbegriff wieder von mehr Menschen in seiner umfassenden Bedeutung erkannt wird, daß die Zahl derer, die Vorbild für eine solche Haltung sein können, wächst und daß damit auch die Glaubwürdigkeit ausgesprochener Gedanken zu einem festen Bestandteil unserer zwischenmenschlichen Beziehungen wird.

Glück

Ein Mann gewinnt im Casino fast vier Millionen Schilling. Wir sagen bewundernd oder vielleicht auch ein wenig neidisch, er hat Glück gehabt. Ein anderer entgeht um Haaresbreite einer Katastrophe, wir sagen, er hat Glück gehabt. Ein dritter hat ein langes Leben gemeinsam mit einem anderen Menschen gelebt, der ihm in allen Situationen treu zur Seite stand. Wir sagen wieder, er hat Glück gehabt.

Glück zu erleben ist die Sehnsucht jedes Menschen. Es ist auch jener Wunsch, den wir am häufigsten aussprechen; am Beginn eines neuen Kalenderjahres, am Beginn eines neuen Lebensjahres, zu vielen anderen festlichen Anlässen. Der Glücksbegriff hat in den verschiedenen Epochen menschlicher Geschichte viele unterschiedliche Definitionen erfahren. Wir nennen das Eins-sein eines Menschen mit seinen Hoffnungen, Wünschen und Erwartungen Glück. Glück kann demnach nur subjektiv empfunden werden.

Sprichworte wie „Jeder ist seines Glückes Schmied" oder „Nur der Tüchtige hat Glück" bringen die Meinung zum Ausdruck, daß jeder Mensch durch eigenes Handeln Glück gleichsam erarbeiten kann. Philosophische Schulen haben viele Theorien entwickelt, welche die geeignetsten Mittel seien, um Glück zu erlangen. Von der Antike bis zur Neuzeit erstreckt sich etwa die Lehre des Eudämonismus: Nach Meinung dieser Philosophen besteht das höchste Gut in der Erreichung des privaten Glücks des einzelnen. Was aber wieder dieses Glück ist, darüber gehen die Ansichten selbst innerhalb dieser Lehre sehr weit auseinander: Erfüllung menschlichen Strebens und Wollens, vollständige Bedürfnisbefriedigung, dauerhafte Lust, tugendhaftes Leben, all das kann Glück bedeuten.

Manche sehen die Erreichung des eigenen Glücks selbst auf Kosten anderer als oberstes Ziel ihres Handelns, andere wieder sehen im Glücklichmachen anderer Menschen, eine Form eigenen Glücksempfindens. Imanuel Kant hat überhaupt jede Form dieser Ethik des Glücks abgelehnt und gefordert, daß sich Handeln und Verhalten eines Menschen ausschließlich an der Pflicht zu orientieren hätten.

In der Literatur taucht immer wieder die Figur des Doktor Faustus auf. Goethe hat ihn zur zentralen Figur seines Hauptwerkes gemacht. Es ist jener Mensch, der alle Formen menschlich vorstellbaren Glücks auskostet, immer auf der Suche nach jenem Augenblicke, der so schön ist, daß er für immer in ihm verweilen möge. Goethe hat dieses gewaltige Theaterstück eine Tragödie genannt. Ist es die Tragödie von uns Menschen, dauerhaftes Glück nur so schwer finden zu können, jagen nicht auch wir so oft einem Phantom nach, wenn wir Glück erhaschen wollen?

Wir hören heute oft das Wort: Selbstverwirklichung. Viele meinen, man müsse alles andere hintanstellen, um sich selbst verwirklichen zu können. Rücksichtnahme auf andere hat in dieser Betrachtungsweise keinen Platz. So manche berufliche Laufbahn wird auf solchen Überlegungen aufgebaut, so viele menschliche Bindungen zerbrechen, weil einer der beiden Partner ohne Rücksicht auf den anderen sich selbst verwirklichen möchte. Haben sich alle diese Menschen, die einen solchen Weg gegangen sind oder gehen, ernsthaft die Frage gestellt, ob persönliches Glück auf dem Unglück anderer Menschen aufgebaut werden kann, ob solches Glück von Dauer sein kann?

Viele von uns neigen dazu, Glück als ein Produkt des Zufalls zu sehen. Natürlich ist es ein Zufall, wenn jemand bei einem Glückspiel gewinnt und es gibt viele andere Formen von Glück, die nur durch Zufall zu erklären sind. Aber letztlich können wir Glück im umfassenden Sinn dieses Wortes nur in uns selbst finden. Es nützt der größte Spielgewinn nichts, wenn das Gewonnene nicht sinnvoll verwendet wird. Gerade in einer solchen Situation sollte es uns besonders deutlich bewußt werden, wie sehr es an unserem eigenen Verhalten liegt, aus den Gaben, die uns geschenkt wurden, wirklich Nutzen zu ziehen. Ist es nicht schon ein Geschenk, daß wir in einem Lande leben, in dem wir auf äußeren Frieden, materielle und soziale Aufwärtsentwicklung zurückblicken können? Sieht man allerdings die Ereignisse der jüngsten Vergangenheit, so muß man sich ernsthaft fragen, ob wir nicht drauf und dran sind, mit diesem Geschenk Raubbau zu treiben. Es war keine Selbstverständlichkeit, all das zu erreichen, was die Aufwärtsentwicklung ausgemacht hat. Die Generation unserer Eltern und Großeltern war im wahrsten Sinn des Wortes auch unseres Glückes Schmied.

Wir faseln heute so oft von Selbstverwirklichung und schauen verständnislos auf eine Mutter, die ein halbes Dutzend Kinder großgezogen hat, ohne davon viel Aufhebens zu machen. Auf wievieles mußte eine solche Frau verzichten, wieviele Opfer mußte sie bringen, wie sehr ist sie in der Erfüllung ihrer Aufgabe aufgegangen. Sehen sie einmal in die Augen einer solchen Frau.

Hören sie ihren Worten zu, wenn sie von ihren Kindern spricht, sie werden verstehen lernen, daß auch ein Leben in dieser Art eine Form des Glücks bedeuten kann. Oder, denken sie an einen Mann, der seinem Betrieb ein Leben lang die Treue gehalten hat, für den der Erfolg seines Betriebes auch sein eigener persönlicher Erfolg war, der Glück darin empfunden hat, diese Aufgabe erfüllen zu können. Es gibt diese Menschen auch heute noch, vielleicht ist ihre Zahl kleiner geworden, aber sie lassen sich nicht beirren von den Propheten, die uns Frustration, Neurosen und Unglück vorhersagen, wenn wir uns nicht rücksichtslos nehmen, was uns unserer Meinung nach zusteht.

Oft blicken wir neidvoll auf jene Menschen, über die in den Klatschspalten immer wieder zu lesen ist, was sie alles erreicht haben, was sie sich alles an materiellen Gütern leisten können. Wir meinen dann, diese Menschen müßten doch glücklich sein. Aber plötzlich bricht da und dort die Welt der Illusionen zusammen. Ein Star hat seinem Leben selbst ein Ende gesetzt, ein anderer flieht in die Scheinwelt der Drogen. Haben diese Menschen das Glück, das ihnen Ruhm und Reichtum gebracht haben, nicht mehr ertragen, oder haben sie den Sinn ihres Lebens nicht gefunden. Der bekannte Schauspieler Karl-Heinz Böhm hat seinen Beruf an den Nagel gehängt und arbeitet jetzt an einem bemerkenswerten Sozialhilfe-Projekt in Äthiopien. Er nennt seine Aktion „Menschen für Menschen“. Ein Mensch der genügend Geldmittel hat, um ein Leben in Wohlstand führen zu können, widmet sich der Arbeit für Menschen, die Hilfe brauchen. Er sieht darin eine neue Lebensaufgabe, er möchte andere Menschen glücklich machen. Wir alle erleben im Lauf vieler Jahre einen Wertewandel in unserer Gesellschaft. Was vor 20 Jahren anzustrebendes Ideal war, ist heute passé und umgekehrt. Wir erleben aber auch in uns selbst den Wandel von Betrachtungsweisen. Das gilt auch für unsere Vorstellung vom Glück. Wie wenig braucht ein Kind manchmal, um glücklich zu sein, wie schwer wird es oft für einen Erwachsenen Glück zu erleben. Vielleicht liegt es daran, wie Saint-Exupéry einmal gesagt hat, daß wir das Wesentliche nur mit dem Herzen sehen können. Schließen wir unsere Augen und öffnen wir unsere Herzen, es könnte sein, daß es uns dann leichter fällt, Glück zu erfahren.

Circus

Viele Wochen lang habe ich gegenüber meinem Haus das Plakat gesehen, das auf ein großes Ereignis aufmerksam macht: der Circus kommt in unsere Stadt. Ich liebe den Circus, seit ich ihn kenne, allein die Ankündigung, daß ein Circus hier gastieren wird, erweckt in mir Freude. Die Zuneigung zu dieser besonderen Kunstform scheint sich auch auf meine kleine Tochter übertragen zu haben. Als sie noch nicht lesen konnte, hat sie die Circusplakate an den bunten Bildern von Artisten oder Tieren erkannt und die Zeit bis zur Ankunft des Circus konnte ihr gar nicht schnell genug vergehen. Wenn ich ihr sagte, es dauere ja noch zwei Wochen, bis der Circus da sein wird, war sie ganz betrübt und meinte: „Da muß ich ja noch vierzehnmal schlafen, bis ich endlich in den Circus gehen kann." Als Erwachsener ist man viel geduldiger, eine Wartezeit von zwei Wochen vergeht für uns ja auch viel schneller als für ein Kind.

Wenn es dann endlich so weit ist, daß der Tag des Circusbesuches gekommen ist, so ist es eine Art Festtag, denn die 2–3 Stunden der Vorstellung führen mich in eine andere Welt, in die Welt der Phantasie, die Wirklichkeit geworden ist. Dieses Erlebnis beginnt schon beim Anblick des großen Zeltes und der Wagen, die um das Zelt herum aufgestellt sind. An den Absperrungswänden sind die Zeichnungen von exotischen Tieren zu sehen, die vielen bunten Lampen leuchten in aufeinander abgestimmten Intervallen auf, verlöschen wieder und erzeugen die Illusion bewegter Lichtketten. An den Eingängen stehen die Männer in den bunten Uniformen und so manchen der Platzanweiser wird man wenig später in der Manege als Artisten bewundern können. Der Clown zeigt schon vor dem Zelt einige Kunststücke und die Kinder dürfen auf den Ponys reiten. Für manche Kinder ist so ein Pony-Ritt das höchste Vergnügen, andere wiederum kostet es schon einige Überwindung, sich auf's Pferd zu setzen, die sind froh, wenn sie nach 2 oder 3 Runden wieder herunterdürfen.

Nach dieser Ouverture vor dem Zelt rückt der große Augenblick des Vorstellungsbeginns immer näher. Man sucht seine Plätze, in den Logen oder auf den Bänken und man ist plötzlich mitten drinnen in der Welt des Circus, der Geruch der Sägespäne auf dem Boden der Manege dringt in unsere Nase und die lauten Stimmen der spannungsvoll erregten Kinder mischen sich mit den Rufen der Eis- und Zuckerlverkäufer. Die kalte und unpersönliche Deckenbeleuchtung erlischt und die bunten Scheinwerferstrahlen richten sich auf die Musikkapelle, die das Programm mit einem Circuslied eröffnet.

In unserer Welt, in der fast täglich irgendwelche Rekorde gebrochen werden ist so manches, was früher außergewöhnlich war, gewöhnlich geworden, alltäglich, die elektronischen Medien haben diese Welt klein werden lassen, die Neue und die Alte Welt sind näher zusammengerückt und alles, was sich da und dort an Spektakulärem ereignet, wird uns über die Mattscheibe ins Haus geliefert. Für viele Menschen ist diese zweidimensionale Welt zur Wirklichkeit geworden, sie haben vergessen, daß das wirkliche Erleben eines Ereignisses nicht nur die dritte Dimension bringt, sondern auch Gefühl und Phantasie unvergleichlich intensiver anspricht, als die elektronische Wiedergabe das jemals vermag. Ich habe auch viele Übertragungen von Circus-Veranstaltungen im Fernsehen gesehen, aber gerade der Circus braucht das persönliche Erleben, das Gefühl der greifbaren Nähe dessen, was die Artisten darbieten. Es ist so unvorstellbar, daß ein Mensch auf einem Finger in schwindelnder Höhe balancieren kann, das Herz droht stehen zu bleiben, wenn ein Artist, angekündigt durch einen Trommelwirbel den dreifachen Salto wagt, der Puls schlägt schneller, wenn schöne Frauen direkt unter der Circuskuppel, durch kein Netz abgesichert, an Stangen aus blankem Chromstahl ihre Kunststücke vollführen und wir lachen von ganzem Herzen, wenn uns Schimpansen oder Pudel allzu Menschliches zeigen. Und wieder steigt die Spannung, wenn der Dompteur die Raubtiere durch Feuerreifen springen läßt und sie dann wie niedliche Kätzchen umarmt und liebkost. Wenn sie mit ihren Pranken nach der Peitsche des Dompteurs fassen und fauchend ihre Zähne zeigen, rieselt ein leichter Schauer über unseren Rücken.

Die Elefanten wirken allein durch ihr unvorstellbares Körpervolumen und durch ihr Aussehen, das uns an die Tierwelt der Urzeiten erinnert. Die Pferde sind lebendig gewordener Ausdruck von Eleganz und Schönheit. Aber was wäre der Circus ohne seine Clowns. In ihren weiten Kleidern, mit ihren grellen und bunten Masken sind sie Symbol dafür geworden, daß Freude und Schmerz, Glück und Leid, Scherz und Ernst im Leben jedes Menschen untrennbar miteinander verbunden sind. Sie bringen uns zum Lachen, aber viele ihrer Scherze machen uns nachdenklich. Sie zählen zu den ganz großen Künstlern dieser Welt, und die ganz Großen unter ihnen sind oft schon zu Lebzeiten zur Legende geworden.

Eines ist allen gemeinsam, die im Circus leben. Sie leben nicht bloß im Circus, sondern sie leben für den Circus. Sie geben jeden Tag ihr Bestes. Sie können sich nicht mit dem Durchschnitt begnügen. Sie müssen immer die Spitzenleistung erbringen. Sie wissen, was Disziplin ist und ihr Erfolg ist in harter, geduldiger Arbeit begründet. Sie stehen jeden Tag im Scheinwerferlicht. Die Circusmusik begleitet ihren Auftritt. Der Applaus des Publikums belohnt sie. Sie ziehen von Ort zu Ort, ein Leben lang. Sie bringen ihre Kinder im Circus zur Welt und hoffen insgeheim, daß auch diese Kinder wieder im Circusleben die Erfüllung finden. Sie schenken uns Menschen unendlich viel, sie lassen uns für ein paar Stunden die Wirklichkeit vergessen. Sie führen uns weit weg vom Alltag. Sie lassen in uns Erwachsenen die Träume unserer Kindheit lebendig werden und sie zaubern in die Augen der Kinder jenes Glänzen, das Ausdruck glücklichen Staunens ist. Die Zeiten, in denen Circusvorstellungen ausverkauft waren, sind leider schon lange vorbei. Es macht mich traurig, wenn das Circuszelt manchmal nur halb voll ist. Der Circus braucht uns. Er braucht die Menschen, die mit ihrem Eintrittsgeld die finanzielle Basis für den Weiterbestand dieser Kunstform schaffen. *Wir* brauchen ihn aber noch viel mehr. Wir brauchen den Circus, weil er alle unsere Sinne anspricht, weil er Träume Wirklichkeit werden läßt, weil er Phantasie Gestalt annehmen läßt. Es sind nur ein paar Stunden, die wir im Circus verbringen, aber wir können viele Tage von dem zehren, was uns das Circuserlebnis gegeben hat. Wir sind es, die den Menschen vom Circus zu danken haben und in unserer Hand liegt es, ob wir uns selbst auch in der Zukunft dieses Geschenk noch machen können.

Urlaubserinnerung

Die Karawane der Urlauber ist wieder vom Süden nach Hause gezogen. Die Menschen, die an den großen Verkehrsadern leben, können aufatmen: die Schlange aus Blech, Glas und Gummi hat die Straßen wieder frei gemacht. Für die Menschen, die nach Hause gekommen sind, hat der Alltag begonnen. Sie gehen ihrer Arbeit nach, gehen zur Schule, sie leben das Leben dieser rund 330 Tage eines Jahres, die nicht Ferien sind.

Sie haben Erinnerungen mitgenommen, Souvenirs, die man herzeigen kann und Gedanken, denen man nachhängt. Man denkt an die kleine *Trattoria* oder *Gostiona,* je nachdem, in welchem Land man die Ferien verbracht hat. Da hieß der Kellner Giuseppe, dort vielleicht Boźo. Dann gab es noch den Bademeister und den Eisverkäufer, den Juwelier und den Boutiquen-Inhaber, den Obsthändler und den Mann am Zeitungskiosk, das Mädchen in der Wechselstube, den Bootsvermieter und die Reitlehrerin, den Bäcker und den Scherenschnittkünstler und viele andere, die vom Tourismus leben.

Selten ist es für den Gast notwendig, sich der Mühe zu unterziehen, ein paar Worte in der Landessprache zu sprechen, um sich mit all diesen Leuten zu verständigen, denn sie sprechen fast alle Sprachen der gängigen Herkunftsländer der Touristen und wenn es um's Geld geht, da gibt es meist ohnehin keine Verständigungsprobleme, weil Zahlen und Ziffern in all diesen Sprachen die gleiche Bedeutung haben.

Fast jedes europäische Land braucht heute für seine Wirtschaft die Einnahmen aus dem Fremdenverkehr. Unzählige Arbeitsplätze wurden durch den Tourismus geschaffen. Die heutige Form des Massentourismus hat allerdings ganze Landstriche, ich möchte sagen, pervertiert. Hotels, Appartementhäuser und andere Bauwerke, die dem Fremdenverkehr dienen, haben den ursprünglichen Charakter dieser Regionen nicht nur verändert, sondern oft zerstört. Mit den Bausünden, die noch in Jahrzehnten, vielleicht in Jahrhunderten sichtbar sein werden, ist über diese Regionen aber noch eine andere Entwicklung hereingebrochen.

So wie auf kahlen Felsen oder mitten in Pinienwäldern, oder auch gleich in einer Sandwüste Bauwerke errichtet wurden, so haben auch die Menschen, die für diese Touristikbranche arbeiten, ihr Äußeres und ihr Inneres verändert. Aus der Gastfreundschaft, die gerade in den südlichen Ländern unseres Erdteils eine hohe Tugend war, ist Kommerz geworden und kein Wort beschreibt diesen Zustand deutlicher als das Wort „Fremdenverkehr". Der Gast ist fremd, er bleibt fremd. Er wird bedient, aber er wird nicht zum Freund, er ist da, aber er wird nicht integriert, er ist eine vorübergehende Erscheinung, die das sommerliche Bild der Urlaubsorte prägt. Wenn sich an den schönen heißen Sommerabenden der Touristenstrom durch die schmalen Gassen der schönen Altstadt wälzt, wenn das Sprachgewirr von den Wänden der Häuser widerhallt und wenn das marktschreierische Feilbieten kitschiger Souvenirs den Grundpegel des abendlichen Lärms noch bei weitem übertönt, dann hat die Stadt ihren Charakter verloren.

Ein paar Wochen lang währt dieser Ausverkauf der

Atmosphäre. Aus italienischen, kroatischen und slowenischen, griechischen oder spanischen Dörfern werden deutsche, englische, holländische, französische Kolonien. Alte Volksbräuche, Gesang und Tanz der Einheimischen werden aus der Versenkung geholt und den Fremden als Schau dargeboten. Die Rezepte aus heimischer Küche, einstmals billige Speisen für den täglichen Mittagstisch, werden um teures Geld als Spezialitäten des Landes verkauft. Die Lebensfreude südländischer Menschen erstarrt zur grinsenden Maske geschäftiger Schöntuerei.

Und die Fremden? Die sogenannten Gäste? Was wissen sie von dem Land, das sie für ihre Ferien ausgewählt haben? Den Wechselkurs für ihre Währung, die Preise für die Halbpension und den Standort der Sehenswürdigkeiten, die im Reiseprospekt als solche bezeichnet werden. Die Reisenden, die sich besonders sorgfältig auf ihren Auslandsaufenthalt vorbereiten, merken sich dann noch ein paar Worte der Landessprache, damit sie im Restaurant nach dem Ober verlangen können, aber die Mühe des Sprachenlernens wird gleich beim ersten Versuch als völlig unnotwendig erkannt, weil meist schon der Piccolo die Muttersprache des Gastes besser beherrscht, als der Gast die Sprache seines Urlaubslandes.

So geben wir uns der Illusion hin, daß der Massentourismus des 20. Jahrhunderts ein Beitrag zur Völkerverständigung sei. In Wahrheit aber haben die Völkerwanderungen unserer Zeit die Menschen der verschiedenen Länder nicht einen einzigen Schritt einander näher gebracht. Wahrscheinlich, weil man Massen nicht zueinanderführen kann.

Die Verkehrsmittel haben es möglich gemacht, daß

wir große Distanzen in kurzen Zeiträumen überwinden können.

So mieten wir uns die paar Quadratmeter eines Hotelzimmers und ein Fleckchen Sand- oder Felsenstrand, um aus unserer gewohnten Umgebung herauszukommen und um Erholung und Entspannung zu suchen.

In den Monaten, in denen halb Europa auf Reisen ist, ist es beinahe unmöglich, dem organisierten Fremdenverkehr zu entkommen. Das Urlaubsland mit seiner Landschaft, seinen Bauten und seinen Menschen wird zur Ware, der Urlauber selbst ist zwar Käufer dieser Ware, aber in Wirklichkeit auch nur ein Glied in der Kette des kommerziellen Fremdenverkehrs.

In manchen Sommern haben viele Länder empfindliche Einbußen in ihrer Fremdenverkehrsstatistik hinnehmen müssen. So schmerzlich das für die Wirtschaft eines Landes sein mag, so sehr ist es vielleicht auf der anderen Seite ein Zeichen dafür, daß wenigstens ein Teil dieser Menschen nicht mehr bereit ist, sich bloß dem Diktat von Reiseveranstaltern und Touristikmanagern zu unterwerfen, dafür aber Interesse hat, das Urlaubsland und vor allem die Menschen dieses Landes wirklich kennenzulernen. Heute gibt uns unser Lebensstandard die Chance, in Länder zu kommen, von denen unsere Vorfahren nur träumen konnten. Wie wenig nützen aber die Menschen diese Möglichkeit: sie suchen einen Platz am Meer, ziehen sich in die Atmosphäre eines unpersönlichen Hotelbaues oder eines überbevölkerten Campingplatzes zurück und sind zufrieden, wenn sie dort wieder jene Landsleute treffen, denen sie im Heimatland möglicherweise aus dem Weg gegangen sind. Dann wird über Quantität

Qualität des Essens gesprochen, über Mängel und Vorzüge des Zimmers, über Preise und über das Wetter.

Familien, in denen Mann und Frau, Eltern und Kinder während des Jahres mehr nebeneinander als miteinander leben, sind plötzlich gezwungen, wieder etwas gemeinsam zu machen und viele wundern sich, warum sie kein wirkliches Gespräch mehr miteinander führen können.

Reizbarkeit und Spannung steigen und statt der Erholung gibt es Streit und psychischen Streß, weil man einander nichts mehr zu sagen hat, aber miteinander leben muß.

Das Ende der Ferien wird herbeigewünscht und der Wunsch, wieder mit Freunden aus Beruf, Schule oder anderen Lebensbereichen beisammen zu sein, ist größer als die Sehnsucht, wieder einmal wenigstens für ein paar Wochen Familie, Ehepartner sein zu können.

So ist im Zeitalter der Kommunikation die Beziehung der Menschen zueinander gestörter als in jenen Zeiten, in denen die Kommunikationstheorie noch nicht erfunden war.

Die Oberflächlichkeit der Beziehung von Menschen zueinander findet in den Urlaubsgewohnheiten ihren Niederschlag:

Sehenswürdigkeiten müssen besichtigt werden, um etwas für die Bildung zu tun, Sport muß betrieben werden, um etwas für die Gesundheit zu tun und Ansichtskarten müssen geschrieben werden mit schäbigen fünf Grußworten, um die Nachbarn neidisch zu machen.

Für mich bedeutet es viel mehr, wenn ich das Glück habe, in einem fremden Land auch nur einen Menschen als Freund gewonnen zu haben, als wenn ich

schen als Freund gewonnen zu haben, als wenn ich sämtliche historische Bauwerke gesehen hätte. Eine Stadt wird für mich erst dann interessant, wenn ich dort Menschen kennengelernt habe, die ich zu meinen Freunden zählen darf, wenn ich das Gefühl haben kann, daß auch ich für sie einen Wert habe. Aus solchen Begegnungen eröffnen sich uns ganz neue Dimensionen. Die Reise in ein fremdes Land wird zu einem wirklichen Erlebnis, Menschen, die uns vorher fremd waren, werden uns vertraut, wir sind uns nähergekommen.

Jahreswechsel

Selten werden uns Vergangenheit und Zukunft so bewußt, wie in den Stunden und Minuten, bevor ein Jahr zu Ende geht und einem neuen Jahr Platz macht. Wir erleben die Zeit, das unaufhörliche Kommen und Gehen von Stunden, Minuten und Sekunden im Augenblick des Jahreswechsels viel intensiver als an anderen Tagen. Wir spüren auch deutlicher als sonst wie sehr unser Leben vom Ablauf der Zeit beherrscht wird.

Die Ankunft eines neuen Jahres ist für uns Menschen wie die Geburt eines Kindes. Wenn ein Kind zur Welt kommt, sehen wir dieses kleine Wesen zuerst wohl voll Freude an: ein neuer Mensch ist da, dem wir alle unsere guten Wünsche auf den langen Weg ins Leben mitgeben. Auch ein neues Jahr begrüßen wir mit Freude. Es ist eine oft sehr laute Freude, die mit krachenden Feuerwerkskörpern und knallenden Sektkorken unüberhörbar zum Ausdruck gebracht wird. Jeder wünscht jedem, es möge ein gutes, ein schönes, ein erfolgreiches Jahr werden. Das alte Jahr ist abgetreten, ein neues liegt vor uns. Es ist die Zukunft, in die wir unsere Wünsche hineintragen. Für unser menschliches Auge ist die Zukunft unsichtbar. Vielleicht schicken deshalb so viele Menschen heute bunte und strahlende Leuchtfeuer in den Himmel der Neujahrsnacht, um das Dunkel einer ungewissen Zukunft zu erhellen.

Wenn ein Kind geboren wird, so gesellt sich zu unserer Freude die Hoffnung. Die Eltern und alle, denen dieses Kind aus verwandtschaftlichen oder freundschaftlichen Bindungen heraus etwas bedeutet, legen ihm ihre menschlichen Hoffnungen in die Wiege: aus dem Kind möge ein guter und glücklicher Mensch werden.

Ein neues Jahr ist auch für uns Anlaß für neue Hoffnung. Vielleicht ist im vergangenen Jahr manches nicht so ausgegangen, wie wir es uns gewünscht hatten, vielleicht sind Enttäuschung, Traurigkeit, Verzagtheit, vielleicht sogar Zorn, Bitterkeit und Haß zurückgeblieben. Das sind keine guten Wegbegleiter für ein neues Jahr, das wie ein Heft mit lauter weißen unbeschriebenen Seiten vor uns liegt.

Es wäre töricht, anzunehmen, daß ein neues Jahr all die Lasten der Vergangenheit auslöschen kann, aber neue Hoffnung kann uns auch wieder neue Kraft geben, die Bürde, die uns die Vergangenheit aufgeladen hat, leichter zu tragen. Ein neues Jahr kann vielleicht unsere Betrachtungsweise verändern. In einem Büchlein über häusliche Freuden fand ich folgende Sätze: „Letzten Endes kann man ein und dieselben Dinge sehr verschieden sehen, es hängt nur vom jeweiligen Standpunkt ab. Man kann eine Pfütze sehen; man kann aber die Pfütze betrachten und die Sterne sehen, die sich in ihr spiegeln."

Ich habe die vergangenen Feiertage genützt, um Ferien zu machen. Als ich an einem dieser Ferientage nach einer Bergwanderung rastete und die Bergwelt rund um mich betrachtete, dachte ich darüber nach, wie oberflächlich wir oft die Schönheiten der Natur genießen. Auf den Ästen der Nadelbäume lag der Schnee, der in den Tagen davor reichlich vom Himmel gefallen war. Die Berghänge abseits der Skipisten waren mit dieser dichten, weiß-weichen Decke aus Schnee zugedeckt. Von der Schroffheit der Felsen, die darunter liegen, war nichts zu spüren. Ein starker Wind jagte die Wolken in bizarren Formen über den Himmel, dessen Blau da und dort ein wenig durchblickte. Für einige Minuten kam sogar die Sonne hervor. Die Sonnenstrahlen, die der weiße Schnee reflektierte, waren fast zu stark für die Augen, aber sobald sich die Augen an dieses strahlende Licht gewöhnt hatten, konnten sie dieses prachtvolle Schauspiel der Natur aufnehmen und die Helligkeit und Schönheit in das Herz hineintragen. Das waren meine Empfindungen, als ich da oben stand, sie ließen mich manche Sorgen vergessen, weil die Freude über ein solches Erlebnis so groß war. Ich weiß nicht, wie die anderen Menschen, die sich auf die Abfahrt mit den Skiern in das Tal vorbereiteten, diese Szenerie aufnahmen, aber ich sah doch in vielen Gesichtern Freude und Heiterkeit und nichts mehr von der Griesgrämigkeit, die uns in den Straßen unserer Städte so oft in den Gesichtern der Menschen begegnet.

Wir sollten die Gabe besitzen, Freude speichern zu können, so daß wir die Helligkeit dieser Freude auch in die dunklen Stunden unseres Lebens hineintragen können.

Es gibt Menschen, die sagen, daß für sie die Silvesternacht nichts Außergewöhnliches sei, sie gehen zur selben Zeit schlafen, wie an den meisten anderen Tagen des Jahres und erwachen am Neujahrstag so wie sonst.

Vielleicht haben sie recht, die Menschen, die den Jahreswechsel nicht feiern, ich glaube, daß in einer solchen Haltung aber auch Resignation liegt. Ich habe kürzlich mit einer Frau gesprochen, die etwa siebzig Jahre alt ist und seit dem Tod ihres Mannes allein lebt. Man könnte annehmen, daß sie traurig und verbittert ist. Sie hat nur eine sehr kleine Pension, keine Kinder und auch sonst keine Verwandten, die mit ihr leben. Die Lebensfreude dieser Frau hat mich überrascht und beeindruckt. Sie stellt keine großen Ansprüche an das Leben, sie ist immer adrett gekleidet und wenn sie nach Hause kommt, macht sie es sich so richtig gemütlich. Sie zündet eine Kerze an, weil sie das warme, milde Licht der Kerzen in ihrer kleinen Wohnung in der Altstadt liebt. Dann liest sie oder macht an einer Handarbeit weiter. Vor allem aber versteht sie es, sich an Kleinigkeiten zu erfreuen, an einer Blume, dem Licht einer Kerze, an der kunstvollen Form eines schönen Glases. Wann immer ich dieser Frau begegnet bin, hat sie Zuversicht und Freude ausgestrahlt, obwohl ihre Lebensbedingungen nach den Maßstäben unserer Konsumgesellschaft Anlaß zu ständigen Klagen sein müßten.

Der Beginn eines neuen Jahres sollte für uns auch Anlaß sein, über die Richtigkeit der Wertmaßstäbe unserer Gesellschaft nachzudenken. Wieviel Kummer könnten wir uns ersparen, wenn wir unsere Jagd nach Konsumgütern und Besitz, nach Macht und Einfluß nicht mehr so ernst nähmen. Ich will keinem Fatalismus das Wort reden, keiner blinden Schicksalsgläubigkeit, vor allem nicht der Resignation.

Wir müssen aber unsere Wertordnung immer wieder neu überdenken. Wir sollen uns auch an den sogenannten irdischen Freuden eines Menschenlebens erfreuen können, was immer jemand unter irdischer Freude verstehen mag. Wir sollen Feste feiern und von der Freude an solchen Festen möglichst viel in den Alltag hineinnehmen.

Auch die Festesfreude einer Silvesternacht oder eines Neujahrsmorgens sollte weit in das neue Jahr hineinreichen. Wir haben in der Nacht des Jahreswechsels von diesem neuen Jahr Besitz ergriffen, auf die ersten Seiten des Heftes mit den 365 Blättern haben wir schon einiges geschrieben.

Es sind unsere Wünsche und Hoffnungen, manche davon sind vieltausendfach in fast gleicher Form von den Menschen niedergeschrieben worden: etwa die Hoffnung auf Frieden in der Welt. Andere Wünsche sind sehr persönlich, ganz individuell.

Wir wissen, daß es nicht an uns allein liegt, ob das, was wir von der Zukunft erwarten, auch eintritt. Wenn wir dazu bereit sind zu geben, anstatt zu fordern, haben wir für die Gestaltung unserer eigenen Zukunft viele Möglichkeiten. Wir werden auch im neuen Jahr Fehler machen, anders handeln, als wir es uns vorgenommen haben. Aber – wir haben auch die Chance, manches gut und richtig zu machen.

Denken wir vor den großen und vor den kleinen Entscheidungen des Lebens an diese Chancen.

Wahre Liebe

Fast zu jeder Jahreszeit ist Venedig Treffpunkt der unzähligen Touristen aus aller Welt. Es ist aber auch wie zu allen Zeiten Reiseziel der Verliebten. Sie gehen Hand in Hand oder eng umschlungen, jedenfalls aber mit leuchtenden Augen durch die engen Gassen und über die vielen Brücken und sie atmen die Romantik dieser unvergleichlichen Stadt ein. Was sie an romantischem Zauber aufnehmen, geben sie auch wieder, wenn sie ihr Glück zur Schau stellen, weil es so groß ist, daß sie es gar nicht vor den anderen verbergen könnten. Durch die kleinen Kanäle fahren die Gondeln, in denen sich die fotografierenden Touristen wie Fremdkörper ausmachen. Wenn jedoch ein junger Mann zärtlich seinen Arm um die Schultern eines Mädchens legt und mit ihr in eine Gondel einsteigt, dann scheint es, als hätten diese schlanken schwarzen Schiffe erst ihre Vollendung erfahren. Der Gondoliere lenkt mit seinem Ruder das Schiff vorbei an den Palästen und an den einfachen Häusern, die die Wasserstraßen abseits vom Canale Grande säumen und er stört das Glück der beiden jungen Menschen nicht mit touristischen Erklärungen, sondern er singt vielleicht eines der vielen alten Lieder, die ihm von seinen Vorfahren überliefert wurden. Das Mädchen legt den Kopf an die Schulter ihres Freundes und lauscht der Melodie. Die Gondel gleitet langsam über das dunkle Wasser der Kanäle und zwei Menschen erleben, was unzählige vor ihnen schon empfunden haben, welches

Glück die Nähe eines geliebten Menschen bedeuten kann. In einem Film der die große unschuldige Liebe zweier sehr junger Menschen beschrieben hat, die fast noch Kinder waren, wird eine Geschichte erzählt, die in Venedig spielt. Wenn zwei Menschen einander sehr lieb haben, heißt es in dieser Geschichte, so sollen sie an einem bestimmten Tag des Jahres knapp vor dem Sonnenuntergang in einer Gondel zur Seufzerbrücke fahren. In jenem Augenblick, in dem alle Kirchenglokken Venedigs zu läuten beginnen und die Sonne am Horizont in das Wasser der Lagune eintaucht, in diesem Augenblick sollen sie mit ihrer Gondel unter die Brücke fahren und an dieser Stelle und in diesem Moment soll der Bursch sein Mädchen innig küssen. Die Liebe dieser beiden zueinander werde dann, wenn sie das tun, ewig währen. Es ist eine Geschichte von vielen, die sich um den Zauber von Venedig ranken, es ist aber auch eine Geschichte, die den unsterblichen Wunsch der Menschen ausdrückt, ein gütiges Schicksal möge ihnen das Glück zuteil werden lassen, daß eine große Liebe nie zu Ende gehen möge.

Kein anderer Monat des Jahres ist so sehr zum Synonym für Liebesglück geworden wie der Mai, wenngleich sich Liebe nicht an eine Jahreszeit binden läßt.

Irgendwann im Leben begegnet wohl jeder einem Menschen, der für ihn diese große Liebe bedeutet. Nichts ist so oft geschmäht und verdammt, noch viel öfter aber verherrlicht und besungen worden wie dieses Gefühl, das wir Menschen in der Armseligkeit unserer Sprache die große Liebe nennen. Keine Bibliothek der Welt wäre groß genug, um all das aufbewahren zu können, was über Liebe geschrieben wurde: Romane, Novellen, Gedichte oder auch nur Briefe die Liebende einander geschrieben haben. Wer dieses Gefühl der Liebe erlebt hat, weiß jedoch, daß all die Worte, die uns zur Verfügung stehen, nur bruchstückhaft vermitteln können, was Liebe für unser Menschsein wirklich bedeutet. Ist diese Liebe eine Krankheit, wie viele sagen, ist sie bloß eine chemische Reaktion, ist sie vielleicht eine Torheit, eine Laune der Natur, die den Menschen seiner klaren Sinne beraubt? Es mag sein, daß Liebe auch alle diese Elemente enthält, aber zuallererst ist es wohl eine ganz große Gabe, daß Menschen dieses Gefühl der Liebe erleben können. Die erfüllte Liebe zweier Menschen ist gleichbedeutend mit Glück, das keine Grenzen zu kennen scheint, wie das Erleben einer Dimension, die über unsere Sinneswelt hinausreicht. In ihrer allumfassenden Form hat Liebe etwas von der Unendlichkeit, die wir nicht begreifen können, aber in den Momenten des Liebens und Geliebtwerdens erahnen dürfen. Daher wünschen wir uns auch, daß diese Liebe nicht nur bis ans Ende unseres Lebens, sondern ewig dauern möge. Ich weiß nicht, ob es Menschen gibt, denen dieser Wunsch erfüllt wird, aber ich glaube, daß es auch in unserer Hand liegt, was wir aus einer Liebe zwischen einem Mann und einer Frau werden lassen. Wenn wir sorglos damit umgehen, wird sie schwach und krank werden, wenn wir sie als kostbaren Schatz behüten, wird sie uns durch alle Widrigkeiten des Lebens begleiten. Eines glaube ich nicht; daß eine große Liebe sterben kann. Sie kann sich verändern, sie kann verschüttet werden, aber sie kann nicht sterben. Wer sagt, daß seine Liebe tot sei, verdorrt wie eine Pflanze, die kein Wasser bekommen hat, der hat nie wirklich geliebt. Wir können unsere Empfindungen nicht objektivieren, es gibt keine Meß-

Empfindungen nicht objektivieren, es gibt keine Meßgeräte, die, wie bei einem Thermometer anzeigen, wie stark ein Gefühl wirklich ist. Wir können uns selbst täuschen, und können getäuscht werden. Wenn wir einem Menschen unsere ganze Liebe schenken, die Liebe, die ein Mann für eine Frau und eine Frau für einen Mann empfinden kann, dann ist dieses Geschenk irreversibel. Es kann uns die Kraft fehlen, in der Krise einer Beziehung zu den Konsequenzen einer einmal geschenkten Liebe zu stehen. Wir können in andere Beziehungen flüchten, wir können auch zu schwach oder zu stolz sein, unsere Fehler zu bekennen und umzukehren. Aber wir können die wahrc, große, tief empfundene Liebe nie verlieren. Wir können sie verleugnen, verdrängen, wir können sie bekämpfen, aber wir werden sie nicht besiegen, weil sie unsterblich ist.

Viele suchen bei einem anderen Menschen nur Zuflucht, viele wollen einen anderen Menschen besitzen, und viele wollen ganz einfach nicht allein sein. Und sie alle nennen es Liebe. Daher stirbt diese vermeintliche Liebe auch so oft, und oft so schnell. Wir können sie nicht suchen und schon gar nicht fordern. Sie wird uns geschenkt, wenn wir bereit sind auch uns zu verschenken.

Jeder von uns hat Ideale, nach denen er strebt. Ob wir sie jemals erreichen, wissen wir nicht. So geht es uns auch mit der Liebe. Wenn wir mit einem Kuß in einer Gondel unter der Seufzerbrücke verliebt und verträumt das Gefühl eines Augenblicks für die Ewigkeit festhalten wollen, so glauben wir in diesem Moment an die Liebe. Aber es sind nicht die Brücken und die Paläste von Venedig, es sind nicht die Gondeln oder die Tauben auf dem Markusplatz, es ist nicht der Zauber dieser außergewöhnlichen Stadt, der unser Leben begleitet. Was wir als Liebe verspüren, muß sich Tag für Tag aufs Neue bewähren – hier und jetzt. Wir können Glück und Zärtlichkeit erleben und dieses Erlebnis eine Romanze nennen, aber den großen packenden Roman, der die Zeitspanne eines ganzen Menschenlebens umfaßt, den kann nur die Liebe schreiben, jene Liebe, die bereit ist zu geben, jene Liebe die ewig dauert, weil sie unsterblich ist.

Ein neues Jahr

Die Böller der Neujahrsnacht sind schon lange wieder verklungen, die bunten, flimmernden Sterne der Raketen sind in den Himmel einer hellen Mondnacht aufgestiegen und langsam auf dem Weg zurück zur Erde verloschen. Die Wurfschlangen der Silvesterfeiern sind weggeräumt, ebenso wie die Scherben der zebrochenen Sektgläser, deren Haltbarkeit im Übermut der Festesfreude überschätzt worden war. Die verängstigten Tiere, die für das Krachen der Feuerwerkskörper keine natürliche Erklärung kennen, haben ihre Ruhe wiedergefunden und die Alkoholseligkeit ist bereits der Nüchternheit des neuen Jahres gewichen.

Die Glücksbringer sind geblieben, die Kleeblätter, Rauchfangkehrer, Schwammerln, Schweinchen, Marienkäfer und was sonst noch als Garant für ein glückliches neues Jahr angesehen wird. Wenn sie allerdings aus eßbarem Material waren, dann wurden die meisten davon bereits verzehrt, sei es, weil sie im Inneren eines Menschen vielleicht noch wirksamer das Glück herbeizaubern können, sei es, weil sie als Marzipan- oder Schokoladenfiguren ganz einfach ein Gaumengenuß sind.

Manche Menschen haben in den ersten Minuten des neuen Jahres einen Blick in die Zukunft werfen wollen, sie haben über der Hitze des Feuers Figuren aus Blei zum Schmelzen gebracht und dieses flüssige Blei in kaltes Wasser gegossen. Die bizarren, erstarrten Bleiklumpen wurden dann als Symbole für Ereignisse oder Entwicklungen im neuen Jahr gedeutet. Da diese Figuren aber nur ganz selten unmißverständliche Formen aufweisen, sind auch die Interpretationen der zu erwartenden Zukunft sehr unterschiedlich ausgefallen.

In keiner anderen Nacht des Jahres werden so viele Fragen und Wünsche an die Zukunft ausgesprochen oder gedacht, wie in der Neujahrsnacht. „Warum weinen manche Menschen, wenn das neue Jahr beginnt?“, hat mich meine Tochter gefragt, weil sie ein Mädchen gesehen hatte, das seiner Mutter um den Hals fiel und weinte. „Ich glaube, es sind Freudentränen“, antwortete ich meiner Tochter. Es gibt so viele Gründe, die Anlaß zur Freude sein können, wenn ein altes Jahr zu Ende geht. Wenn uns harte Schicksalsprüfungen erspart blieben, wenn wir schöne und gute Erlebnisse hatten, wenn viele von unseren Vorstellungen erfüllt wurden.

Viele Menschen sind am Jahreswechsel mit vermeintlich leeren Händen dagestanden. Nichts von ihren großen Wünschen und Sehnsüchten ist Wirklichkeit geworden. Sie stellen die bange Frage an die Zukunft: „Was wird mir dieses neue Jahr bringen?«. Doch was soll diese Frage an die Zukunft bringen, wenn ich die Augen für das Positive, das es in fast jeder schwierigen Situation eines Menschenschicksals auch gibt, gar nie geöffnet habe. Die Kraft gehabt zu haben, ein schweres Kreuz tragen zu können, nicht zu zerbrechen und zu verzweifeln, das ist ein Geschenk, dessen Wert von vielen unterschätzt wird. So sind auch die Hände dieser Menschen nicht leer geblieben, und sie haben in all ihrer Not und ihrem Elend den Mut gehabt, weiterzugehen und an eine Zukunft zu glauben.

Im Leben von uns Menschen gibt es nichts, das unabänderlich ist. Wir können zwar Schicksalsschläge nicht ungeschehen machen, da müßte schon ein Wunder geschehen, aber wir können unsere innere Einstellung zu den Gegebenheiten unseres Lebens verändern. Ich bewundere Menschen, die unheilbar krank sind, aber dennoch Lebensmut und Lebensfreude ausstrahlen, oft mehr als einer, der gesund ist. Selbst jene Menschen, denen Gott, Glaube und Kirche wenig bedeuten, die all das bestenfalls als kärgliches Überbleibsel aus der Kindheit mit sich tragen, selbst jene finden zu Gedanken und Worten, die man als Gebet verstehen könnte, wenn sie in ihrem Leben an den Rand der Verzweiflung getrieben wurden. Doch worum bitten sie? Der Anlaß für ihre Verzweiflung möge beseitigt werden. Nach menschlichen Maßstäben würde die Erfüllung eines solchen Wunsches ein Wunder bedeuten oder zumindest an ein Wunder grenzen. Manchmal gibt es solche Wunder und wir dürfen auch daran glauben, daß sie sich ereignen. Die vielen Gedenktafeln mit Worten des Dankes an Wallfahrtsorten sind Zeichen dafür, daß zu allen Zeiten Menschen solche Wunder erleben durften. Aber es wäre wohl falsch, mit dem Schicksal oder gar mit Gott zu hadern, wenn er uns die Gnade eines Wunders nicht schenkt. Es bedarf einer inneren Veränderung, einer Veränderung in uns selbst, die uns auch unerträglich scheinende Umstände ertragen läßt. Oft gehen wir einen Weg, der uns zu einem ersehnten Ziel bringen soll und erkennen nicht, daß es zu demselben Ziel auch andere Wege gibt. Oft streben wir ein Ziel an und erkennen gar nicht, daß es kein Ziel ist, zumindest keines, nach dem zu streben es sich wirklich lohnt.

Wenn wir am Anfang eines neuen Jahres stehen, so kann es für uns hilfreich sein, um die Gabe zu bitten, daß sich unsere Augen für die Vielfalt der Möglichkeiten öffnen, die das Leben für jeden von uns anbietet. Viele verirren und verstricken sich in Träumereien, in klagenden und kläglichen Reminiszenzen über versäumte Gelegenheiten, falsche Entscheidungen in der Vergangenheit. Was nützt es, vom großen Glück zu träumen, das man erlebt hätte, wenn man damals, irgendwann in der Vergangenheit anders entschieden, anders gehandelt, sich anders verhalten hätte. Das sind doch Illusionen. Niemand von uns Menschen weiß, wie sich sein Leben entwickelt hätte, wenn er irgendwann in der Vergangenheit anders entschieden hätte, als er es getan hat. Ertappen wir uns nicht oft selbst dabei, daß wir sagen „Ja, hätte ich damals dieses oder jenes Angebot angenommen, dann wäre meine berufliche Laufbahn ganz anders gewesen!« oder „Hätte ich dieses Geschäft abgeschlossen, hätte sich meine Firma ganz anders entwickelt“ oder „Hätte ich mich damals nicht für diesen Menschen entschieden, wäre mein Leben ganz anders verlaufen“. Dieses „hätte“ und „wäre“ sind Wortformen, die uns vielleicht manche Stunden oder wenigstens Augenblicke schöner Träume eröffnen, aber es sind doch Träume mit einem bitteren Nachgeschmack.

Ein neues Jahr ist wie ein neuer Lebensabschnitt. Wir sollen uns Rechenschaft darüber geben, was wir richtig und was wir falsch gemacht haben und wir sollen uns vornehmen, aus Fehlern der Vergangenheit zu lernen. Wir können die Vergangenheit unseres Lebens nicht verändern, aber wir können auch unsere innere Haltung dieser Vergangenheit gegenüber ändern. Das Lebensalter eines Menschen ist oft zu kurz, um eine solche Wandlung der Betrachtungsweise zu erreichen. Zu sehr sind wir an unsere Gefühle und Empfindungen gebunden, viel zu schwer können wir uns von Standpunkten, die uns richtig oder falsch schienen, lösen, viel zu selten haben wir die Kraft, neue Wege zu suchen.

Wenn wir, die Menschen des zu Ende gehenden 20sten Jahrhunderts, in die Zeiträume der Geschichte zurückblicken, so sehen wir vieles anders als jene, die in diesen Zeiträumen lebten. Und vielleicht wird auch unsere Betrachtungsweise der Geschichte in ein paar Jahren nicht mehr gültig sein.

Jeder von uns schreibt seine eigene Geschichte, seine ganz persönliche Lebensgeschichte. Ein neues Jahr kann auch ein Kapitel in dieser Lebensgeschichte werden. Versuchen wir, ein gutes Kapitel zu schreiben.

Faschingsspiele

Das kleine Mädchen hatte schon tagelang vorher immer davon gesprochen, wie das Kostüm für das Faschingsfest aussehen sollte. Es mußte unbedingt ein Katzenkostüm sein, das stand fest. Aber welche Katze sollte es denn sein? Eine der vielen aufregenden Katzen, die sie in dem Musical „Cats" auf der Bühne gesehen hatte? Obwohl sie ganz zart und schlank ist, wäre ihr das Aussehen des wilden Rum-Tum-Tugger am liebsten gewesen.

Sie hatte Cats schon zweimal im Theater gesehen und von der Tonbandkassette hörte sie immer wieder die Melodien, die sie schon alle auswendig kannte. Das Kostüm für das Faschingsfest fiel einfacher aus, als die bunt schillernden Kostüme der Theaterkatzen. Aber es war doch ein großer Augenblick, als sie bei der Schneiderin das Kostüm zum ersten Mal probierte. Der Katzenschwanz mußte so lang sein, daß er gerade noch ein wenig am Boden schleifen konnte und die schwarze Kappe, die die Ohren verdeckte und über den Hals bis zu den Schultern reichte, mußte die blonden Haare verstecken. Die Katzenohren hingen bei der Probe noch ein wenig schlapp hinunter, fast so wie Hasenohren. Aber mit ein paar geschickten Nadelstichen wurden spitze Katzenohren daraus. Der Blick in den Spiegel war besonders kritisch, aber schließlich war das Mädchen dann doch zufrieden und fand, sie sähe wirklich wie eine Katze aus: eine schwarzgestreifte Tigerkatze.

Als ich sie so vor dem Spiegel stehen sah, hatte ich das Gefühl, sie versuchte wie eine Katze zu sein, eine Katze, die natürlich sprechen konnte, zwischendurch aber auch so naturgetreu miaute, als beherrsche sie nicht nur die Sprache der Menschen, sondern auch die der Tiere. Es war köstlich, die Wandlung und Ausdrucksfähigkeit dieses kleinen Menschenwesens zu beobachten. Sie bewegte sich, schritt, tänzelte, schlich und sprang wie ein Kätzchen, das froh und übermütig mit allem spielte, was ihr unterkam. Doch das war erst die Probe.

Als ein paar Tage später das Faschingsfest mit den annähernd Gleichaltrigen gefeiert wurde, war unsere kleine Katze mit Feuereifer dabei. Sie hatte noch einige andere Kätzchen gefunden, die sich hurtig daran machten, mit den anderen Tieren und mit Piraten, Cowboys, Polizisten, Chinesen und Negern, Indianern und Eskimos eine eigene Welt aufzubauen. Sie bauten ihre kleine Welt, die Welt der Kinder, in der alles möglich, in der nichts unmöglich ist.

Was nicht wirklich gemacht werden konnte, wurde in der Phantasie errichtet. Aus einfachen unscheinbaren Dekorationsstücken wurden Landschaften und Häuser, Wohnungen und Hütten, Blumen und Tiere. Kinder haben die Gabe, auch aus toter Materie Lebendiges machen zu können. Sie sprechen mit Puppen und Stofftieren und beziehen sie in ihr eigenes Leben ein. Im Laufe eines Spielnachmittags können sie viele Male in immer neue Rollen schlüpfen und sie so überzeugend spielen, daß sich selbst der Erwachsene, der nur zuschaut in eine andere Welt versetzt fühlt. Wenn wir an unsere eigene Kindheit denken, fallen uns viele Situationen ein, in denen wir Phantasiegebilde gebaut und in ihnen und mit ihnen gelebt haben. Ich weiß nicht, in welchem Lebensalter wir diese Fähigkeit verlieren oder ablegen, aber die Welt der Erwachsenen ist jedenfalls viel ärmer an Phantasie als die Welt der Kinder. Was wir als Kinder noch selbst konnten, überlassen wir als Erwachsene den Menschen, die das Sichtbar- und Hörbarmachen von Phantasie als Beruf gewählt haben, den Dichtern und Schauspielern, den Komponisten und Musikern.

In der Faschingszeit versuchen viele Erwachsene, aus der Rolle, die sie Tag für Tag zu spielen haben, auszubrechen und andere Seiten ihres Wesens zu zeigen. Die Feste der Masken zeigen, meist nur eine Nacht lang, daß wir Menschen viel schillernder und bunter sind, als es Alltag, Beruf, Familie und Freundeskreis zulassen. Irgendwann in der Phase des sogenannten Erwachsenwerdens übernehmen wir eine Rolle, die unser weiteres Leben zu prägen beginnt. Der eine spielt den Tüchtigen und Erfolgreichen, der andere den Ernsten, In-sich-Gekehrten, wieder ein anderer den Lauten und Fröhlichen. So werden in einer Gesellschaft alle Rollen besetzt, die notwendig sind, um die Vielfalt der Gattung Mensch darzustellen. Durch dieses Rollenspiel geht oft vieles von der Mehrdimensionalität verloren, die jeder einzelne Mensch in sich selbst hat. Es ist, wie wenn von den vielen Ästen und Zweigen eines Baumes zuerst der eine Ast, dann ein zweiter und dritter und schließlich immer mehr verdorren, vielleicht sogar abbrechen. Alles, was nicht gepflegt wird, verkümmert oder stirbt. So ist es auch mit den vielfältigen Seiten des menschlichen Charakters. Da wählt man sich ein Erscheinungsbild aus oder man wird hineingepreßt und all das, was sonst noch in unserem Wesen ist, wird langsam zurückgedrängt. Auf diese Weise verlieren wir viel von unserer Phantasie, viel von dem, was wir als Kinder so selbstverständlich tun und leben konnten.

Wir sollten daher die Feste des Faschings auch mit all der Ausgelassenheit feiern, derer wir fähig sind. Nehmen wir die Masken jener Charaktere und Figuren, die wir gerne sein möchten und leben wir wenigstens eine Nacht lang so, wie wir es sonst nicht können oder dürfen, vielleicht auch nicht wollen. Denken wir an jene Zeit zurück, als wir Kinder waren, voll von Phantasie. Betrachten wir unsere Welt mit den Augen der Kinder. Vieles in unserer Welt würde anders sein, gäbe es nur Kinder, die aus Träumen Wirklichkeit machen können.

Das Mädchen im Katzenkostüm spielte mit den anderen Kindern, die als Katzen, Häschen und Teddybären verkleidet waren. Wenn sie groß sein werden – erwachsen – dann werden sie sich vielleicht an dieses Spiel erinnern. Werden sie sich mehr von ihrer Phantasie bewahren können, als die Erwachsenen unserer Zeit?

Sternklare Nacht

Es war Vollmond. Eine klare, kalte Winternacht. Auf den Dächern der Häuser in dem kleinen Bergdorf lag Schnee. Von den Bäumen hatte der Wind den Schnee schon herabgeweht. Die Felder waren eine große weiße Fläche, auf der nur da und dort die hölzernen Zäune herausragten. Das Licht des Mondes wurde vom weißen Schnee reflektiert, der Himmel war übersät mit Sternen. Als Mensch der Stadt ist man kaum gewohnt, am Himmel Sterne zu sehen. Das Licht, das die Städte in den Nächten gegen den Himmel strahlen, läßt das Funkeln und Flackern der Sterne vergehen und der Dunst und Rauch der Straßen und Fabriken ist wie ein schwerer Vorhang, der uns den Blick zu den Sternen verwehrt.

In einer sternenklaren Nacht eröffnet uns ein Blick auf das Firmament neue Dimensionen unseres Erdendaseins. Aus der Unendlichkeit des Weltalls, von dem wir nicht wissen, ob es irgendwo an eine Grenze stößt oder wirklich ohne Ende – unendlich – ist, werden zu uns Menschen Lichtsignale geschickt. Wissenschafter verstehen es, diese Botschaft zu deuten: sie können uns sagen, wie lange das Licht auf der Reise war, bis es von unseren Augen erfaßt wird. Obwohl das Licht mit einer Geschwindigkeit unterwegs ist, die die Menschen zwar rechnerisch erfassen, aber nicht wirklich empfinden und verstehen können, erreichen uns manche dieser Signale erst, wenn die Lichtquelle bereits lange erloschen ist.

Meine Schritte knirschen im Schnee und auch dieses Geräusch haben die Stadtmenschen beinahe schon vergessen, weil es in den Straßen einer Stadt meistens nur den schmutzig-braunen Schneematsch gibt, der den Winter mehr zur Last als zur Freude macht. Ich genieße dieses knirschende Geräusch unter meinen Füßen, es läßt uns den Winter bewußt fühlen als eine besondere Facette der Natur. Es würde mir etwas fehlen, könnte ich diese Jahreszeit nicht erleben.

Hin und wieder träumen wir zwar von dem Leben in einem fernen Land, in dem die Kraft der Sonne keine Kälte zuläßt, aber würden wir den Wechsel der Jahreszeiten nicht erleben können, so würden wir uns vermutlich doch danach sehnen.

Ich gehe weiter und sehe in der Ferne die beleuchteten Fenster eines alten Holzhauses. Langsam komme ich immer näher zu dem Haus, aus dessen Kamin Rauch aufsteigt. Ich stelle mir vor, wie die Menschen drinnen um einen Tisch herum sitzen und miteinander reden. Der Kachelofen spendet wohlige Wärme und auf dem Tisch liegt ein großer Laib selbstgebackenen Brotes. So idyllisch wünscht man sich das Innere eines solchen Hauses. So meint man ja auch, haben unsere Vorfahren in den Bauernhäusern gelebt – einfach, ohne große Ansprüche, zufrieden, vielleicht sogar glücklich. Ich will an solch einem Idyll nicht rütteln – im Gegenteil: ich hege es sorgsam, weil es mich träumen läßt. Ich sehe im Geiste die Häuser einer Stadt vor mir: die glatten Fassaden, die vielen Stockwerke, die Fenster ohne Sprossen. Auch aus diesen Fenstern dringt Licht, aber oft ist es nur der Widerschein eines Fernsehgerätes. Auch hier stelle ich mir vor, daß Menschen in diesen Räumen sitzen, im Lehnstuhl, auf einer Sitzbank vor dem Bildschirm. Stumm, gebannt oder gelangweilt von dem, was ihnen das Fernsehen ins Haus liefert. Es ist seltsam, wie leicht wir dazu neigen, von äußeren Formen auf das zu schließen, was dahinter ist. Im romantischen Holzhaus in der Winterlandschaft wünschen wir uns die Idylle der Familie, in den kalten Hochhäusern der Großstadt vermuten wir das sprachlose Nebeneinander, Einsamkeit und Kälte. Wir wissen natürlich, daß es auch im alten Bauernhaus menschliche Kälte und Härte geben kann und in den Stadtwohnungen Zärtlicheit und Verständnis, aber vielleicht prägen doch auch äußere Formen das Leben dahinter.

Inzwischen bin ich bei dem alten Haus angelangt. Ich sehe die große schwere Eingangstür. Das Mondlicht ist so hell, daß ich die Kreidezeichen des Dreikönigsfestes erkennen kann. Die Jahreszahl und die Buchstaben C, M und B. Meist werden diese Buchstaben als Initialen der Könige Caspar, Melchior und Balthasar interpretiert. In Wirklichkeit sind es die Anfangsbuchstaben einer lateinischen Segensformel: „Christus mansionem benedicat" – „Christus segne dieses Haus".

Ich gehe weiter, das Tal öffnet sich und vor mir ist eine große weite, schneebedeckte Fläche. Vermutlich ist unter dieser Schneedecke eine Wiese. Der Mond steht jetzt direkt vor mir. Etwa auf halber Höhe, gemessen von der Linie des Horizonts bis zu dem imaginären Scheitelpunkt über mir. Ich erinnere mich an einen Brief, den ich als junger Mann an ein Mädchen geschrieben habe. Wir waren damals weit voneinander entfernt und ich sehnte mich nach ihr. Auch damals war eine Vollmondnacht. „Wenn uns auch viele hundert Kilometer trennen“, so schrieb ich damals, „so sehen wir doch in diesem Augenblick dasselbe Licht desselben Mondes. Und wäre die Scheibe des Mondes ein Spiegel, so könnte ich darin Dein Gesicht erblikken, Deine Augen, Deinen Mund. Es ist gut zu wissen und zu fühlen, daß wir auch über diese große Entfernung hinweg unter demselben Sternenhimmel geborgen sind, daß unser Blick in die Weite und Tiefe des Firmaments uns zum selben Zeitpunkt das gleiche erleben und empfinden läßt.“

Natürlich konnte ich nicht wissen, ob auch sie an jenem Abend und zu jener Stunde nichts anderes zu tun hatte, als den Mond und die Sterne zu betrachten. Ich wollte ja auch gar nicht an die Trivialität denken, daß möglicherweise dort, wo sie an diesem Abend war, Wolken den Blick zum Mond behindern hätten können und schon gar nicht wollte ich mir vorstellen, daß sie in diesem Moment womöglich gar nicht an mich dachte. Nein – ich meinte, daß uns damals, als ich diese Zeilen schrieb und diese Gedanken dachte, das silberne Licht der kreisrunden Scheibe am Himmelszelt miteinander verband.

Ich glaube, es wäre gut, wenn wir uns Gefühle der Romantik über den Lebensabschnitt der Jugend hinaus erhalten könnten. Erwachsene glauben meist, sie müßten Realisten sein, keine Träumer, sonst hätten sie keinen Erfolg im Leben. Enttäuschungen, welcher Art auch immer, machen die Herzen vieler Menschen hart. In einem harten Herzen hat Romantik keinen Platz. Da haben Tränen keinen Platz und Liebe nicht. Da hat Hoffnung keinen Platz, sondern nur das, was greifbare Wirklichkeit ist.

Es gibt aber so vieles, das wir nicht angreifen, sondern nur fühlen können. Wenn wir diese Dimension unseres Lebens verkümmern lassen, dann können wir zwar trotzdem Erfolg haben, Anerkennung finden, mitten im Leben stehen, „mit beiden Beinen", wie es so schön heißt, aber können wir auch von Utopien träumen? Es gibt so vieles, das niemals Wirklichkeit geworden wäre, hätte es nicht Menschen gegeben, die kühne und mutige Ideen und unvorstellbar scheinende Träume gehabt haben. Vielleicht hatten sie selbst nicht einmal die Kraft oder das Talent, diese Träume und Ideen zu verwirklichen, aber – sie fanden wieder andere, die an diese Ideen glaubten.

So kann es auch in unserem eigenen Leben sein: wir müssen Träume haben und dürfen uns nicht nur mit der Wirklichkeit zufrieden geben, denn wir können auch die Wirklichkeit verändern. Vielleicht nicht heute oder morgen, aber wenn wir Geduld haben, dann wird jener Tag kommen, der uns recht geben wird, von etwas geträumt zu haben.

Masken

Das Gesicht ist mit grellem Weiß geschminkt, mit einem kalten, starren Weiß. Die großen dunklen Augen sind durch starke schwarze Lidstriche und nachgezogene Augenbrauen besonders betont. Die weiße Halskrause mildert das strenge Schwarz des glatten weiten Kostüms. Ich beobachte diese Maske, die an einer der Säulen der Galerie lehnt, jetzt schon fast eine halbe Stunde lang von meinem Platz im Cafe Florian aus. Ich wollte den Karneval von Venedig wieder erleben und hatte schon einen anstrengenden Rundgang durch die kleinen Gassen und über die vielen Plätze hinter mir, anstrengend, weil sie fast alle voll von Menschen waren. An den engen Stellen wurde ich mehr geschoben als daß ich gehen konnte und oft stand die ganze Menge still, weil irgendwo weiter vorne ein Hindernis war. Dieser Karneval von Venedig hat mich immer ungewöhnlich stark berührt. Nirgends sonst habe ich Heiterkeit und Traurigkeit so gleichzeitig erlebt wie hier. Allegria nennen die Italiener in ihrer Sprache den Frohsinn, Tristezza heißt die Traurigkeit. Liegt es an meiner Liebe zur italienischen Sprache oder drükken diese Worte allein durch ihren Klang den Unterschied zur Heiterkeit und Traurigkeit deutschsprachiger Menschen aus? Tristezza, allegria, mein Blick fällt wieder auf die Maske, die noch immer fast statuenhaft unbeweglich an der Säule lehnt. Im Weiß des Gesichtes die Zeichnung einer Träne, die erstarrt ist und trotzdem so aussieht, als wäre sie soeben in diesem

Augenblick geweint worden. Das einzige, was sich an dieser Maske sichtbar bewegt, sind die Augen. Sie scheinen fast schwarz zu sein, die weit offenen Pupillen verdrängen die Farbe der Iris an den Rand. In den Augen spiegelt sich in verzerrten Dimensionen das Treiben der Menge auf der Piazza San Marco wider. Ich habe bei keinem Faschingsfest der Welt so schöne und noble Masken gesehen wie in Venedig. Eine längst vergangene Welt wird für ein paar Tage wieder lebendig. Es könnten Fürsten, Prinzessinnen und Edelleute aus der großen Geschichte der stolzen Republik Venedig sein, die auf der Piazza promenieren. Prachtvolle Gewänder, kostbarer Schmuck, kunstvolle Frisuren: Ein Fest für Menschen, die Freude am Betrachten schöner edler Dinge haben.

Da liegt aber auch der Grund, warum allegria und tristezza, Freude und Trauer in dieser Stadt gerade im Carneval so untrennbar miteinander verbunden sind. Jeder Palast, jede Kirche erinnert an die Größe vergangener Epochen Venedigs, aber fast überall sind die Spuren des Verfalls zu sehen. Geschlossene Fensterläden an vielen Palazzi am Canale Grande sind meist Zeichen dafür, daß niemand mehr in diesen Mauern wohnt. Das schmutzigbraune Wasser des Kanals klatscht an die Fundamente einstiger Prachtbauten und jede Bewegung des Wassers zerstört ein Stück Substanz. Seit Jahren wird dieser Stadt der Tod vorhergesagt. Dieser Hauch von Morbidität schwebt fühlbar über Venedig. Wer kann sich da der Traurigkeit entziehen, die beim Betrachten von Mauerrissen, veralgten Fundamenten, zerbröckelnden Fassaden entsteht.

Ich rufe den Cameriere und bezahle meine Rechnung. Als ich aus dem Kaffeehaus in die Galerie hinausgehe, ist der Platz, an dem die Maske lehnte, leer. Ich will aus der lärmenden Umgebung des Markusplatzes in einen stillen Teil der Stadt. Als ich über eine kleine Brücke gehe, sehe ich vor mir die Maske wieder. Ich entschließe mich, ihr zu folgen. Bald haben wir die überfüllten Plätze verlassen und ich wundere mich, wie menschenleer dieser Teil Venedigs ist, nur ein paar Häuser weg von den Trampelpfaden der Touristen. Da spielen Kinder rund um einen Brunnen, auch sie sind maskiert, ein Kätzchen, ein kleiner Bär und ein dicker Koch mit einer hohen weißen Mütze und einem übergroßen Kochlöffel. Sie sprechen im venezianischen Dialekt und ich kann nur hier und da ein paar Worte verstehen. Plötzlich laufen sie weg, voran das Kätzchen, gefolgt vom Bären und der kleine dicke Koch jagt hinterher, drohend seinen Kochlöffel schwingend, bei der Behendigkeit seiner Spielgefährten hat er aber keine Chance, sie einzuholen, wenn sie nicht von selbst stehenbleiben. Die weiße Maske mit der Träne auf der Wange hat sich inzwischen an den Brunnen gelehnt und blickt mich an.

„Warum trägst du keine Maske?“ fragt sie mich. Es ist die Stimme eines Mädchens, einer jungen Frau, 20, 25 Jahre vielleicht. Ich bin überrascht und meine Antwort kommt zunächst zögernd als Gegenfrage. „Tragen wir nicht alle Masken?“ Mit dieser Antwort schien sie nicht gerechnet zu haben, sie lächelt. Ich frage sie:

„Bist du traurig, weil du eine so ernste Maske trägst?“ „Ich bin allein“, sagt sie, „das macht mich traurig.“ Dann folgen ein paar Fragen und Antworten, ob sie denn keinen Freund habe, nein, er habe sie vor ein paar Wochen verlassen, das habe ihr sehr weh getan und sie sei aus Mailand hierher gefahren, um den Karneval zu feiern.

„Wie hast du das mit den Masken gemeint?“, fragt sie mich, „daß wir alle Masken tragen.“

„Wir haben doch alle gelernt, unsere Gefühle zu beherrschen,“ sage ich, „nicht unbedingt zu zeigen, was in unseren Gedanken, in unseren Herzen vorgeht. Wie oft spielen wir eine Rolle, wie oft verschließen wir uns vor den anderen. Schau dir doch einmal die Gesichter der Menschen an, wenn sie abends von der Arbeit nach Hause gehen. Sie eilen durch die Straßen und ich habe das Gefühl, sie sehen gar nicht, was um sie herum vorgeht, sie schauen in sich hinein und tragen eine Maske mit Augen, die zwar offen sind, aber dennoch nichts wahrnehmen.

Ich mache eine Pause und warte auf Antwort. Aber die Maske schaut mich nur an. Sie scheint zu warten, daß ich noch etwas sage.

„Weißt du, ich habe einmal, so aus Spaß etwas versucht,“ sage ich, „ich bin in einer fremden Stadt abends zur Hauptverkehrszeit durch eine Geschäftsstraße gegangen und habe die Leute, die mir entgegenkamen ganz einfach gegrüßt. Was glaubst du was passiert ist? Die meisten haben meinen Gruß gar nicht wahrgenommen. Sie waren viel zu sehr mit sich selbst beschäftigt. Ein paar schauten auf, drehten sich um, damit sie sehen wem mein Gruß gegolten habe. Wenn ich ihnen dann zugelächelt habe, haben sie gedankt. Ich habe gefühlt, wie ihr Gehirn gearbeitet hat, woher sie diesen Menschen kennen, der sie da gegrüßt hat. Ein einziger von den vielen ist stehen geblieben, hat seinen Hut gezogen und mir seine Hand entgegengestreckt. Er wollte wissen, woher wir einander kennen. Als ich ihm sagte, daß ich einfach nicht so teilnahmslos an Menschen vorbeigehen wollte, war er zunächst erstaunt, gab mir aber noch einmal die Hand und sagte, „eine nette Idee, dankeschön.“ Da habe ich etwas von menschlicher Nähe gespürt. Es gibt so viele Möglichkeiten, anderen zu zeigen, daß wir ihnen ein wenig Menschlichkeit geben wollen. Ganz ohne Gegengeschäft. Wir müssen nur unsere Maske vom Gesicht nehmen.

Das kalte harte Weiß im Gesicht des Mädchens scheint mir jetzt ein wenig milder geworden zu sein. Über die gemalte Träne rollt jetzt wirklich eine Träne. Das Mädchen nimmt meine Hand und wir laufen über den Platz zurück, dorthin, wo der Trubel der Menschen ist.

„Schau sie dir an,“ sagte sie, „alle die Masken, die Menschen werden für ein paar Stunden das, was sie vielleicht immer sein wollen, der Schuster ist ein Prinz, der Kaufmann ein Spaßmacher, die Marktfrau eine Ballerina. Jeder hat so viele Seelen in seiner Brust, aber im Alltag wird er doch meist in ein Korsett gepreßt.“

„Ja,“ antworte ich, „und daher ist es notwendig, daß wir Feste feiern. Das sind die Farbpunkte in unserem Leben und wir sollen Freude daran haben. Da können wir auch Masken aufsetzen, schöne, häßliche, lustige traurige. Und dann, wieder im Alltag sollen wir Menschen sein, offen ohne Maske. Vor allem sollen wir den Menschen sehen, der mit uns lebt und das ist jeder, dem wir begegnen. Es sollte in Wirklichkeit keinen geben, der nur neben uns lebt.“

Wir sind inzwischen mitten in die Menge der Karnevalsmasken geraten und plötzlich sehe ich meine Maske nicht mehr. Ich kann nicht einmal nach ihr rufen, da ich ihren Namen nicht kenne. Sie ist wieder untergetaucht. Mitgerissen vom Strom der Festesfreude, eine weiße Maske mit einer Träne im Gesicht.

Im Schatten der Bäume

Ein leichter Wind bewegt die Blätter der großen Laubbäume, ihre Äste reichen über die Wege hinaus, so daß sie Schatten spenden können. Ein einfaches Holzgeländer trennt den Spazierweg von einem fernen See. Enten schwimmen friedlich am Ufer dieses Sees entlang. Von überall her sind die Stimmen der Vögel zu hören, ein Zwitschern und Zirpen und da und dort wohl auch eine Melodie. Wenn das Rauschen des Windes stärker wird, beginnt das Wasser an der Oberfläche des Sees sich leicht zu kräuseln. Ein Spiel der Wellen, in denen sich die Sonne spiegelt, fängt an. Die Konturen der Bäume, deren Spiegelbilder im ruhigen Wasser zu sehen sind, verschwimmen, so als würden die Farben eines Aquarells langsam zerrinnen.

Es ist um die Mittagszeit. Nur wenige Spaziergänger kommen hier vorbei. Ein alter Mann geht mit seinem Spazierstock langsam am Seeufer entlang. Er scheint in Gedanken versunken zu sein, richtet seinen Blick kaum vom Boden auf. Vielleicht ist es sein täglicher Spaziergang und er kennt daher schon jede Einzelheit, die ihm die umgebende Natur zeigt. Es könnte aber auch sein, daß ihn seine Erinnerung in eine Zeit zurückführt, in der er um vieles jünger war, voll von Hoffnungen, in der er von dem träumte, was er sich als das „große Leben“ vorstellte oder auch nur von dem Glück zu zweit, wenn er den Weg eng umschlungen mit einem Mädchen ging. Am anderen Ende des Weges kam ein solches junges Paar, auch sie schienen nicht viel von dem zu sehen, was um sie herum war. Sie gingen langsam, blieben immer wieder stehen um Zärtlichkeiten auszutauschen. Als sie sich auf eine der Bänke setzten, die ein offensichtlich rühriger Fremdenverkehrsverein dort aufgestellt hatte, blickten sie auf das Spiel der Wellen im Grünen See und schwiegen, so als würden sie nur in sich hineinhorchen um die Stimmen ihrer Herzen hören zu können. Ein paar Jahrzehnte Menschenleben lag zwischen ihnen und dem Alten, der vor ihnen auf diesem Weg gegangen war. Nur ein paar Jahrzehnte und doch fast ein ganzes Leben. Wie weit entfernt mußte den beiden jungen Leuten der Zeitpunkt ihres Altwerdens scheinen und wie rasch waren vermutlich dem Alten die Jahre vergangen. Er hatte auf seinem Spaziergang kehrt gemacht und sah nun die beiden Jungen auf der Bank sitzen.

Sein Gesichtsausdruck veränderte sich nicht, er hatte nur kurz aufgeschaut, beide gleichsam registriert und dann wieder zu Boden geblickt, so, als dürfte er den Weg vor sich nicht aus den Augen verlieren. Die Gedanken des jungen Paares gingen in die Zukunft. Sie träumten von einem gemeinsamen Leben, von der verbindenen Kraft ihrer Gefühle, von dem, was Menschen Glück nennen. Sie hatten keinen rechten Zeitbegriff für all das, was vor ihnen lag. Als sie vor kurzem noch in die Schule gegangen waren, hatten sie es kaum erwarten können diese Zeit hinter sich zu bringen. Sie sehnten sich nach jener Freiheit, die sie in dem Zeitraum danach erwartete, frei von dem Druck der Eltern, frei von dem Druck der Lehrer, einfach erwachsen, selbständig, unabhängig. Das Warten auf diesen neuen Lebensabschnitt hatte ihnen die Zeit lange erscheinen lassen, jedes abgeschlossene Schuljahr war ein Schritt, den sie gerne viel, viel rascher gemacht hätten. Dieses subjektive Gefühl des Erlebens von Zeit projizierten sie jetzt in ihre Zukunft. Wenn diese paar Jahre Schulzeit so lange gedauert hatten, wie lange mußte dann erst das Leben, das wirkliche Leben dauern, das Leben eines erwachsenen Menschen? Hätten sie doch den alten Mann gefragt, der auf dem Spaziergang an ihnen vorbei gegangen war. Doch wozu. Sie hätten ihm vermutlich nicht geglaubt, daß er manchmal das Gefühl gehabt hatte, die Zeit zerrinne ihm wie Sand zwischen den Fingern. Als er die zwei jungen Menschen gesehen hatte, hatte er seine Jugend gar nicht so weit zurückliegend empfunden. Die Last seiner Lebensjahre spürte er nicht in seinen Gedanken, er spürte sie an der Gebrechlichkeit seines Körpers, der ihm vieles nicht mehr erlaubte, was er vielleicht noch gerne getan hätte, wenngleich er gelernt hatte sein Wollen den vorgegebenen physischen Bedingungen anzupassen. War es Resignation, war es die gepriesene Weisheit des Alters, oder war es das Leben in der Wirklichkeit? Wovon sollte er noch träumen, da ihm doch so viele Träume seines Lebens unerfüllt geblieben waren. War es falsch gewesen zu träumen, war er nicht den richtigen Weg gegangen, oder hätte manch anderer gerade diesen Weg als Erfüllung all seiner Träume gesehen? Die Jungen fragten nicht und der Alte erzählte nicht. Sie hatten ihn gar nicht bemerkt, er war an ihnen vorübergegangen. Sie schauten noch immer auf die Wellen im Wasser des Sees, dessen Grün dunkler geworden war, weil die Sonne hinter den Wolken stand. Der junge Mann und das Mädchen hatten die Zeit vergessen. Sie wußten nicht, ob es Minuten waren oder Stunden, die sie hier verbracht hatten.

Eine Schulklasse kam vorbei. Kinder, zehn oder elf Jahre alt, lärmend, laufend und spielend. Für diese Kinder sah die Welt wieder ganz anders aus, sie erlebten die Gegenwart. Sie konnten nicht ruhig gehen und schon gar nicht still sein, sie waren eben Kinder, laut und lebendig. Ihr Lehrer rief sie und zeigte ihnen die Rosen, die an der Oberfläche des Sees blühten, weiße Seerosen. Das Entzücken der Kinder über dieses prachtvolle Geschenk der Natur war groß. Viele von ihnen hatten zum ersten Mal Seerosen gesehen. Sie bestürmten ihren Lehrer mit Fragen, wo denn die Wurzeln dieser Seerosen seien, warum sie im Wasser blühen, was mit ihnen geschehe, wenn sie verblüht sein werden.

Für den See und für die Bäume an seinem Ufer waren die Worte und Gesten der Menschen, die ihre Mittagstunde dort verbrachten, nicht zu verstehen. Das Wasser des Sees war grün und rätselhaft wie in all den Jahrzehnten davor. Die Blätter der Bäume rauschten im Wind. Vielleicht ist das eine Form von Sprache, die die Natur spricht, eine Sprache, die wir Menschen nicht verstehen können. Wann sind diese Bäume gepflanzt worden? Der alte Mann hatte sie schon in seiner Kindheit gesehen, sie sind größer geworden und mächtiger. Jahr für Jahr haben sie ihre alten Blätter verloren und dann im Frühjahr wieder neues, junges Laub bekommen. Ihr Lebensrhythmus war ein anderer als der der Menschen, denen sie auf dem Spazierweg Schatten spendeten. Wie flüchtig mußte ihnen ein Menschenleben erscheinen, hatten sie doch Generationen kommen und gehen gesehen. Aus Kindern, die am Ufer des Sees gespielt hatten, waren junge Menschen geworden, die das Wunder der ersten Liebe erlebten. Erwachsene hatten in ihrem Schatten Entspannung gesucht und alten Menschen waren sie zu guten, stummen Freunden geworden, die sie an die Stationen eines langen Lebens erinnerten. Wenn sich die Blätter der großen alten Bäume im Wind bewegen, sprechen sie vielleicht auch mit uns in einer Sprache, die zu lernen sich lohnen könnte.

Allerheiligen

Ein Mädchen, so um die elf Jahre alt, geht langsam durch die Reihen der Gräber. Auf den Hauptwegen des großen Friedhofes sieht es am Tage „Allerheiligen" fast so aus, wie in den Geschäftsstraßen einer Stadt in der Vorweihnachtszeit. Die Menschen suchen die Gräber ihrer Familienangehörigen und Freunde auf. Da und dort bleiben sie stehen, um die Blumenpracht auf manchen Grabstätten zu bewundern. Das Mädchen hat einen schmalen Weg zwischen den Grabreihen gefunden, und sieht so manches Grab, das auch an diesem Tag ohne Blumen und ohne Licht geblieben ist. Dort bleibt das Kind stehen und stellt ein kleines Kerzlein hin. Es hat sich vom Taschengeld ein Dutzend solcher Kerzen gekauft. Die Schrift auf den Grabsteinen ist oft schon so verwittert, daß die Namen kaum noch zu lesen sind. Das Todesjahr liegt meist schon sehr lange zurück, oft viele Jahrzehnte. Ich frage das Mädchen, warum es auf die Gräber Kerzen stellt. „Damit die Toten, die hier leben, nicht traurig sind, weil niemand an sie denkt", gibt sie mir zur Antwort. „Hast Du einen Verwandten der hier begraben liegt?", frage ich sie. „Ja, meinen Vater", sagt sie. „Er ist schon gestorben als ich ganz klein war. Für ihn habe ich diese große Kerze gekauft". Sie zeigt mir eines dieser großen Grablichter in dem roten Glas mit dem goldfarbenen Blechdeckel drauf. „Ich war schon vor ein paar Tagen mit meiner Mutti da", sagt sie, „und wir haben das Grab geschmückt". Sie hat mich dann noch hingeführt, und als wir vor dem kleinen Grab standen, sagte sie plötzlich: „Manchmal bin ich schon traurig, daß mein Vater tot ist, aber er ist ja im Himmel beim lieben Gott". Dann läuft sie weg zu ihrer Mutter, die ein paar Gräber weiter mit ihren Bekannten plaudert. Die fröhliche Gewißheit, mit der das Kind diesen Satz gesagt hat, hat mich sehr berührt. Wie oft stellen wir Erwachsenen die Frage, was nach dem Tod sein wird, und wie selten geben wir uns selbst eine überzeugende Antwort. Wir wissen nicht, wie dieses Leben im Jenseits sein wird. Worte vermögen selbst für einen religiösen Menschen nur höchst unvollständig auszudrücken, was unsere Seele empfinden wird, wenn sie die irdische Hülle verläßt. Aber jeder von uns hat die Gabe zu verspüren, daß die Toten mit uns und in uns leben. Freilich können wir diese Form des Lebens nicht mehr mit unseren Sinnen erfassen, unser Geist jedoch, unsere Erinnerung, bringt auch die Toten in unser Leben zurück. Jeder der auf dieser Erde lebt hinterläßt Spuren in jenen Menschen, denen er begegnet. Für alle sichtbar werden solche Spuren, wenn sie von den großen Persönlichkeiten der Geschichte stammen, von jenen, über deren Wirken in allen Geschichtsbüchern geschrieben wird. Für wenige sichtbar bleiben die Spuren derer, die nur in der Geschichte einer Familie oder in einer anderen zwischenmenschlichen Beziehung Bedeutung hatten. Sie leben mit uns und begleiten uns, oft auch in den schweren Stunden unseres Lebens, wenn wir versuchen nachzuvollziehen, wie wohl die, zu denen wir nicht mehr sprechen können, sich in einer solchen Lage verhalten würden. Wir können in Gedanken, unabhängig von unserer Gebundenheit an Zeit und Raum, die handelnden Personen längst vergangener Erlebnisse, wieder Gestalt annehmen lassen. Unsere Erinnerung vermag das viel vollkommener, als die technischen Hilfsmittel des Films oder der Fotografie. Träume eröffnen uns sogar die Möglichkeit neuer Begegnungen mit Menschen, die schon lange tot sind. Wenn ich Diskussionen über die Frage höre, ob es ein Leben nach dem Tode gibt oder nicht, so habe ich immer gedacht, wie überheblich die Menschen sind, wenn sie auf solche Fragen mit einem Nein antworten. Wenn schon unser kleiner menschlicher Geist imstande ist, in der Welt der Gedanken und Träume die Fesseln seines irdischen Körpers abzustreifen, wie können wir dann die Existenz anderer Dimensionen, die wir mit unserem Gehirn noch nicht erfassen können, überhaupt leugnen. Die Tage an denen wir unserer Toten gedenken, sind für jeden von uns Anlaß, über diese Schicksalsfragen unseres Lebens nachzudenken. Die Antwort, die uns die christliche Religion gibt, ist so voller Hoffnung, daß man jeden Menschen beneiden muß, der sein Leben auf das feste Fundament dieses Glaubens gestellt hat. Das ändert aber nichts daran, daß auch solche Menschen Trauer empfinden, wenn sie mit dem Tod eines Verwandten oder eines Freundes konfrontiert werden. Wenn ein Mensch, den wir geliebt haben, stirbt, so nehmen wir Abschied von jener Form des Miteinanders, die unser Leben in so vielfältiger Weise bestimmt. Wir können nicht voraussehen, ob die Art von Bindungen an andere Menschen, so wie wir sie kennen, auch jenseits des Erdenlebens möglich sein wird. So verlieren wir in jedem Fall etwas, das uns viel bedeutet. Kleinmütig zweifeln wir daran, ob und was wir allenfalls dafür einmal gewinnen werden.

Seit auf dieser Erde Christus seine Botschaft verkündet hat, ist den Menschen die an dieses Wort glauben, der unermeßliche Schatz „Hoffnung“ geschenkt worden. Diese Hoffnung ist der Trost, den wir im Schmerz des Abschiednehmens empfangen können. Die Sprache des Menschen stößt hier an ihre Grenzen, um all die Dimensionen dieser Empfindungen auszudrücken.

Ich erinnere mich aber an ein musikalisches Erlebnis, bei dem ich zum ersten Mal als Kind diese Verbindung von Trauer und Hoffnung miterlebt habe. Meine Mutter hatte einen guten Freund verloren und ging mit mir zu meiner Klavierlehrerin, zu der wir eine fast familäre Bindung hatten. Als die alte Dame die Todesnachricht erfahren hatte, versuchte sie nicht, mit Worten Trost zu spenden. Sie ging still ans Klavier und spielte den 3. Satz aus der B-Moll Sonate von Frédéric Chopin. Nach den düsteren Akkorden des Trauermarsches leuchtet dort in einer unsagbar schlichten Melodie jene Hoffnung auf, die allen Schmerz und alle Trauer erträglich macht.

Rockkonzert

Die Halle ist abgedunkelt, an der Stirnseite eine große Bühne. Batterien von Lautsprechern und Scheinwerfern beherrschen die Szene. Große, kreisförmige Bildschirmwände bewegen sich langsam auf und ab, drehen sich und strahlen in überdimensionaler Größe ihre Bilder aus. Der Geräuschpegel ist hoch, manchmal fast schmerzhaft für die Ohren. Das Parkett der Halle ist ausgeräumt, keine Sesselreihen, nur Stehplätze. Das Publikum steht dicht gedrängt im Parkett. Diejenigen, die in der Nähe der Bühne stehen, haben kaum Platz, sich zu bewegen, sich so zu bewegen, wie sie wollen, oder wollen sie diese Individualität gar nicht?

Der Rhythmus der Musik ist hart, intensiv, hektisch. Die Menschen auf dem Parkett bewegen ihren Körper im Rhythmus der Musik. Der Lichtkegel eines Scheinwerfers ist von der Mitte der Halle über die Köpfe der Menge hinweg auf die Bühne gerichtet. Im Zentrum des kreisrunden Lichtfeldes der Star des Abends, die Rocksängerin in Lederjacke und Jeans, mit struppigen Haaren. Sie ist nicht schön und sie ist nicht häßlich, ihr Gesicht und ihr Körper entziehen sich den landläufigen Klischeebegriffen weiblichen Aussehens. Sie bringt, wie man in der Bühnensprache sagt, sich selbst, ihre Persönlichkeit über die Rampe.

Das Publikum geht mit, applaudierend, pfeifend, engagiert. Wenn die Melodie des Refrains erklingt, heben die Menschen im Publikum die Arme und bewegen sich wiegend im Auf und Ab der Töne.

Sie singt von Liebe, nicht so wie wir es von deutschen Schlagertexten kennen: romantisch, melancholisch, zart und zerbrechlich. Ihre Liebe ist härter. Sie ist, wie sie singt, wie ein Palast der brennt, wie eine Flamme, die im Himmel explodiert, wie eine Szene in Zeitlupe.

Der italienische Text ist nicht leicht zu verstehen, es ist eine poetische Sprache, hart und intensiv, so wie die Musik und der Rhythmus. Das Publikum versteht kaum die Bedeutung der Worte, aber es geht mit, es spürt, was die Texte sagen wollen. Das Verstehen passiert nicht über das Gehirn, sondern über das Gefühl, wo immer es in den Körpern der jungen Menschen seinen Platz haben mag. Es sind junge Menschen, Teenager und Twens, aber auch viele über 30, denen man seinerzeit nicht trauen durfte. Aber in unseren Breiten hat man diese radikalen Sprüche nie ganz so ernst genommen. Auch damals nicht, als sie noch in Mode waren.

Auf der Bühne wird von Liebe gesungen, im Publikum wird Liebe gezeigt. Hände, die einander berühren, Körper die sich zart aneinanderschmiegen. Sie haben keine Scheu, ihre Zuneigung zu zeigen, die Mädchen und Burschen. Sie nutzen die wenigen Stunden, die sie beisammen sind, um ihr Miteinander zu fühlen und erleben. An diesem Abend gehen ihre Gefühle über den Augenblick hinaus, in die Weite der Zeit und in die Weite des Raumes.

Für manche, die da unten stehen, ist es die erste Liebe, ein berauschendes Gefühl, das Körper und Seele erfaßt, von dem sie meinen, es werde sie in die Ewigkeit hineintragen. Viele aber sind auch allein, haben niemanden neben sich, haben niemanden für sich, niemanden dem sie ihr Gefühl schenken könnten. Sie spüren die Menschen rund um sie herum, sie bewegen sich mit ihnen und sie setzen die Kraft der Musik und die Faszination der Stimme in Träume um.

Es ist der Traum, der Liebe zu begegnen, sie an sich zu ziehen, sie zu erleben, wie eine Szene in Zeitlupe, wie ein Palast, der brennt, wie eine Flamme, die im Himmel birst.

Sie verstehen die Worte des Liedes nicht, aber sie spüren die Wärme des Feuers, das aus dem Text des Liedes heraus brennt.

Die Menschen, die auf der Bühne stehen und Tausende und Millionen in ihren Bann ziehen, sagen mit ihren Liedern und mit der Musik ihrer Zeit, was andere fühlen, aber nicht ausdrücken können. Wenn sie vor ihr Publikum hintreten und sagen, was sich in ihren Gedanken, in ihren Herzen und in ihren Körpern abspielt, dann springt dieser Funke über, der zur Flamme wird.

Am Abend, in der Dunkelheit der Konzerthalle, vor dem Bild der strahlend hell erleuchteten Bühne mit all den Licht- und Toneffekten, da wird eine Dimension des Menschen lebendig, die zwar immer in ihm vorhanden ist, die sich aber am Tag, im täglichen Leben nicht zeigt, vielleicht weil sie sich nicht zeigen darf. Wir sperren sie ein und wenn wir nicht genügend Abende erleben, an denen wir sie in die Freiheit unserer Gedanken und Träume entlassen, dann werden wir sie einmal nur noch in der Nacht erleben, im Schlaf, wenn wir mit uns und unserem Innenleben ganz allein sind. Wir werden nicht wissen, wo der Schlüssel liegt, der das Gefängnis öffnet und wir werden sie vielleicht vergessen, diese andere Dimension von uns Menschen.

Und dabei träumen wir alle von Freiheit, Freiheit für uns und Freiheit für andere. Wie kläglich ist diese Freiheit, wenn sie sich darauf beschränkt, nur in unseren Wunschvorstellungen zu existieren.

Es ist gleichgültig, welche Ausdrucksform wir wählen, um die Fülle unseres menschlichen Wesens und Empfindens zur Entfaltung zu bringen. Jede Zeit, jede Generation hat ihre eigenen Formen: in der Musik, in der Farbenwelt der Malerei, in der Kraft des gesprochenen Wortes. Abend für Abend ziehen in den Konzertsälen, Theatern und Galerien Musik, Wort und Farben Menschen in ihren Bann. Sie öffnen uns einen sehr wichtigen Teil unserer Erlebniswelt. Wir müssen die Kraft haben, diesen Teil mit hinüberzunehmen, dorthin, wo wir leben, Tag für Tag.

Warten

Auf dem Bahnsteig waren um diese Stunde nur wenige Leute. Es war die triste, schmutzige Atmosphäre, die auf allen Bahnhöfen dieser Welt zu finden ist. Zigarettenstummel lagen überall, ein paar zertretene Plastikbecher, zerrissene Zeitungsblätter. Aus den Papierkörben quoll der Unrat hervor. Das Dach über dem Bahnsteig schützte vor dem Regen. Die Gleise daneben glänzten naß. Die Schwellen waren dunkel vom Regenwasser. Ein Gefährt, mit dem Gepäckstücke transportiert werden, klapperte über den holprigen Boden des Bahnsteigs. Fünf Wägelchen mit kleinen Gittern waren an die kleine Zugmaschine angehängt, an deren Vorderseite der Fahrer auf einem kleinen Trittbrett stand und mit Hebeln rechts und links Fahrtrichtung und Geschwindigkeit des Gefährts regulierte.

Aus den Lautsprechern kamen verzerrt und schwer verständlich Hinweise für die Reisenden und für die Wartenden. Unter den Wartenden war ein Mann in mittlerem Alter, bekleidet mit einem hellgrauen Regenmantel. Er hatte die Hände in die Taschen seines Mantels gesteckt. Langsam ging er auf dem Bahnsteig hin und her. Meist schaute er zu Boden, so wie wenn er tief in Gedanken versunken wäre. Dann und wann betrachtete er die große Uhr, auf der sich jede Minute der Zeiger um einen Teilstrich weiterbewegte.

Dann verglich er die Zeit der Bahnhofsuhr mit seiner eigenen Armbanduhr. Er begann, an dem kleinen Kronenrädchen seiner Uhr herumzunesteln, um die Uhr der Zeitangabe der großen Bahnhofsuhr anzupassen.

Langsam ging er zum Rand des Bahnsteiges und schaute auf die regennassen Geleise. Sein Blick verfolgte den Weg der Schienen, auf denen die Regentropfen aufklatschten, bis dorthin, wo für sein Auge aus den zwei Schienen eine einzige wurde. Er konnte diesen Punkt kaum erkennen, weil sich dort in der Ferne eine Wand aus grauem Dunst aufgebaut hatte. Was dahinter lag, war nur zu erahnen.

Der Mann war inzwischen stehengeblieben und blickte jetzt unverwandt auf jene Stelle, an der sich die Geleise in der Ferne verloren, so als wollte er hinter jenen Dunstschleier blicken. Aber dort veränderte sich nichts. Da senkte er seinen Blick zu Boden und begann wieder auf und ab zu gehen. Mit kleinen, schon ein wenig müden Schritten.

Er sah die Menschen nicht, die an ihm vorbeihasteten, manche mit schweren Koffern bepackt, andere nur mit einer Aktentasche. Erst als ein kleiner Hund an seinen Beinen schnüffelte, blickte er auf, um den Besitzer des Tieres zu suchen. Das war eine ältere Dame, die gleich mit schriller Stimme ihren Vierbeiner zurückbeorderte.

Aus dem Lautsprecher wurde die Ankunft eines Schnellzuges angekündigt. Er horchte auf, das war der Zug auf den er wartete, auf den er schon sehr lange gewartet hatte. Jetzt ging er wieder vor an den Rand des Bahnsteiges und schaute in die Richtung, aus der er den Zug erwartete. Nachdem über die Lautsprecher das Eintreffen des Zuges angekündigt worden war, waren viele aus der Ankunftshalle und aus den Warteräumen auf den Bahnsteig hinausgeeilt.

Ein junger Mann hielt einen Blumenstrauß in der

Hand und ein kleines Kind fragte seine Mutter, ob denn jetzt endlich der Papa ankomme. Auch die ältere Dame mit dem Hund war wieder da, das Tier wedelte schon aufgeregt mit dem Schwanz und spitzte nervös die Ohren.

Der Mann beachtete diese Leute kaum, er starrte noch immer auf die Geleise und auf die graue Wand. Da lösten sich aus diesem schmutzigen Grau die Lichter der Lokomotive. Sie kamen rasch näher, zuerst noch lautlos, dann war auch das Geräusch des heranrollenden Zuges zu hören. Als er in den Bahnhof einfuhr, hatte er noch eine ziemlich hohe Geschwindigkeit, aber schon war das Quietschen der Bremsen zu hören. Die Lokomotive wurde immer größer und größer, fuhr an dem Mann vorbei, der vom Rand des Bahnsteiges wieder zurückgetreten war, rollte langsam aus und blieb stehen.

Da und dort waren Fenster offen, Passagiere machten winkend auf sich aufmerksam. Die Wartenden, die jemanden abholen wollten, liefen zu den Waggons, nahmen den Aussteigenden die Gepäcksstücke ab. Der Hund hatte ebenfalls das Ziel seiner Sehnsucht entdeckt, winselte und jaulte und sprang an einem älteren Herrn immer wieder hoch, der sich liebevoll zu dem Tier hinabbeugte und es mit Liebkosungen beruhigte. Das Kind hatte sich von der Hand seiner Mutter losgerissen und war seinem Vater entgegengeeilt, der es zu sich in die Höhe hob, liebevoll streichelte und küßte und dann seine Frau umarmte.

Der junge Mann mit dem Blumenstrauß war auf ein Mädchen mit langen, dunklen Haaren zugegangen, hatte es wortlos in seine Arme genommen und innig geküßt.

Auch der Mann in dem grauen Regenmantel war den Zug entlanggegangen, hatte durch die Fenster in die Waggons hineingeschaut, die Aussteigenden beobachtet. Als er am Ende des Zuges angelangt war, ging er den ganzen Weg wieder zurück, drängte sich durch die Menge der Angekommenen bis vor zum ersten Waggon, aber es war niemand angekommen, den er hätte abholen können.

Er hatte auf die Ankunft einer Frau gewartet, die er lange nicht mehr gesehen hatte. Er war gar nicht sicher gewesen, ob sie wirklich an diesem Tag und zu dieser Stunde und mit diesem Zug ankommen würde. Er wußte nur, daß sie auf dem Weg war, aber er kannte ihr Ziel nicht. Er hatte nur gehofft, er könnte sie wiedersehen. Ein Gefühl, eine Art innere Stimme hatte ihm gesagt, hier und heute auf sie zu warten.

Die Menschen auf dem Bahnsteig hatten sich verlaufen, es war wieder ruhig geworden. Der leere Zug fuhr hinaus, die Schienen glänzten im Naß des Regens. Der Mann ging durch die Ankunftshalle und verließ den Bahnhof. Er stieg in sein Auto, schlug die Türe zu und schaltete das Radio ein. Musik ertönte, ein Klavierstück, er dachte, das müßte Mozart sein.

Da stellte er sich vor, wieviele Menschen auf dieser Welt gerade zu diesem Zeitpunkt auf irgendjemanden oder auf irgendetwas warteten. Das Gefühl der Traurigkeit, das ihn vorher befallen hatte, begann langsam wieder zu weichen. War nicht sein ganzes Leben auch immer nur ein Warten gewesen? Ein Warten auf die Ankunft eines Menschen oder eines Ereignisses. Wie oft hatte er geglaubt, jetzt habe er sein Schicksal, sein Leben, wirklich ganz fest in die Hand genommen. Er hatte auf ein bestimmtes Ziel hingesteuert, doch plötzlich hatte jemand eine Weiche umgestellt und sein Leben hatte sich in eine andere Richtung weiterentwickelt. Oft hat er sich gefragt, was gewesen wäre, wenn es damals diese Weichenstellung nicht gegeben, oder wenn er selbst anders reagiert hätte.

So hatte er gelernt zu warten und er hatte erkannt, daß sich Zukunft nur sehr beschränkt planen läßt. Wenn er zurückschaute, wußte er schon, was er damals anders hätte machen sollen. Aber im selben Augenblick erkannte er auch, daß niemand wirklich wissen konnte, wie sein Lebensweg ausgesehen hätte, wäre ein bestimmtes Ereignis anders verlaufen.

Diese Art von träumerischer Korrektur hatte er sich längst abgewöhnt. Vielleicht träumte er jetzt zu sehr von der Zukunft. Er wußte aber, daß er eines Tages wieder auf die Ankunft eines Zuges warten würde, auf die Ankunft eines Menschen. Das würde nicht morgen sein, aber doch an einem Tag, der für ihn in greifbarer Nähe lag.

Flüchtlingskinder

Es war um die Mittagsstunde in einem Land in der Nähe des Äquators. Mitten in der kahlen, trockenen Landschaft war ein Lager errichtet. Einige kleine Holzhütten standen dort und hinter einer dieser Hütten war über mannshohe Holzpfeiler in einem großen Geviert ein grobmaschiges Drahtnetz gespannt, über das sich das Laub einer Kletterpflanze gerankt hatte, so daß es zwischen den Pfeilern ziemlich schattig war.

Auf dem Boden standen lange, niedrige Holzbänke. Vor dem Eingang in das Geviert war ein großer, schwarzer Topf aufgestellt, der fast bis zum Rand mit einem gelben, festen Brei angefüllt war. In einer langen Reihe stellten sich etwa 100 Kinder an. Jedes der Kinder, sie waren im Alter zwischen drei und zwölf Jahren hatte einen kleinen Blechnapf und einen Löffel in der Hand. Sie drängten nicht, um nach vorne zu kommen, sie hatten sich an die Ordnung gewöhnt. Seit vielen Monaten kannten sie dieses Ritual der Essensausgabe.

Sie waren Flüchtlingskinder, die aus ihrer Heimat vertrieben worden waren, weil dort Partisanen und Regierungssoldaten einander heftig bekämpften. Die Partisanen kämpften für die Freiheit, die Regierungstruppen im Dienste eines Militärdiktators.

Manche der Kinder, die sich hier um Essen anstellten, hatten keine Eltern mehr. Sie lebten jetzt in der Familie eines Onkels oder eines früheren Nachbarn, der die Kinder auf der Flucht mitgenommen hatte. So vegetierten sie seit vielen, langen Monaten in diesem Lager in ihren Tukuls, den kleinen Zelten, in denen oft bis zu zehn Menschen untergebracht waren. Sie hatten wenig Aussicht, in ihr Land wieder zurückkehren zu können.

Für die Kinder war dieses Leben zum Alltag geworden. Wenn sie bei der Essensausgabe an die Reihe kamen, hielten sie ihren Blechnapf hin und bekamen einen Schöpflöffel voll von diesem gelben Brei. Dann gingen sie in den Schatten, dorthin, wo die Bänke aufgestellt waren, setzten sich hin und aßen mit ihrem Löffel den Napf leer. Die größeren Kinder halfen den ganz kleinen, wenn sie mit dem Löffel nicht zurechtkamen.

Wenn sie fertig waren, gingen sie auf der anderen Seite des schattenspendenden Gevierts wieder hinaus. Beim Ausgang stand ein großer Kessel mit Wasser, dort wuschen sie ihren Napf und den Löffel und dann liefen sie wieder zurück zu den Erwachsenen, zurück in ihren Alltag, der so wenig Zukunft versprach.

Es war um die Mittagsstunde in unserem Land, hier in unserer Stadt. Die Familie saß am Mittagstisch, es gab die Speisen eines normalen Wochentages: Suppe, Fleischspeise mit Salat und Gemüse. Die Mutter versuchte gerade, den Kindern gut zuzureden, daß sie doch auch ein wenig Salat und Gemüse essen sollten. Die Kinder verzogen ihr Gesicht, stocherten mißmutig im Gemüse und in den Salatblättern herum, um dann doch fast alles auf den Tellern zurückzulassen.

Die Famile war dem sogenannten Mittelstand zuzuzählen. Sie wohnten in einem der vielen Siedlungshäuser, die am Stadtrand stehen in einer Dreizimmerwohnung. Es war eine Eigentumswohnung, für die sie zwar noch viele Jahre Kreditraten zurückzahlen mußten, die sie aber trotzdem als Eigentum betrachteten. Sie hatten ein Auto der Mittelklasse, für das auch noch einige Raten zu zahlen waren, aber sie waren doch recht zufrieden mit dem bescheidenen Wohlstand, den sie sich erarbeitet hatten.

Mutter und Kinder hatten gerade den Eßtisch abgeräumt, als es an der Tür läutete. Der jüngste Sohn, er war neun, öffnete die Wohnungstür, und sah draußen auf dem Gang eine Gruppe von Kindern und Jugendlichen in prunkvollen Gewändern. Sie trugen einen goldenen Stern und fragten, ob sie eintreten dürften. Sie sangen ihre Lieder, die Weisen aus dem Morgenland und sie sagten ihre Sprüche. Die Kinder hörten andächtig zu und bewunderten die schönen, mit Gold und Silber bestickten Gewänder der Sternsinger.

Es waren Kinder, Kinder dieser Stadt, die hier sangen und sprachen und doch hatten sie mit ihren Liedern, mit dem Glanz ihrer Gewänder und mit dem Stern aus Gold die Atmosphäre in diesem Raum verwandelt. Sie hatten sich in die Nähe des Christbaums gestellt, vor dem auch eine kleine Krippe aus Holz stand. Es hatte den Anschein, als würden die Könige aus dem Morgenland das Kind in der Krippe grüßen.

Für den Kleinen, den neunjährigen, der Fantasie und Wirklichkeit noch als gemeinsames Ganzes erleben konnte, waren die Könige die Boten aus dem fernen Land, die das Kind im Stall von Bethlehem gesehen hatten. Selbst die Mutter war von einer eigenartigen Stimmung erfaßt worden. Sie war katholisch, aber schon lange nicht mehr in der Kirche gewesen. Als die Sternsinger zu singen begonnen hatten, hatte sie unwillkürlich die Hände gefaltet, zum ersten Mal seit vielen Jahren und ihre Gedanken gingen zurück in jene Zeit, als sie selbst noch ein Kind war und immer mit großer Andacht vor den schönen, geschnitzten Figuren der Krippe vor dem Altar gestanden hatte.

Auch für sie waren damals das Kind und die Hirten und die Könige Wirklichkeit gewesen. In den Jahren seither hatte das Leben in ihr vieles verschüttet. Viel von dem Glauben, aber auch viel von der Hoffnung, die der leuchtende Stern über dem Stall von Bethlehem weit hinaus in alle Lande verkündet hatte.

Die Sternsinger baten um eine Spende. Die Frau legte einen Geldschein in die Schatulle und der kleine Mohr, der die Schatulle trug, sagte, all das Geld, das die Leute spenden, werde den Armen in der Dritten Welt zugute kommen. Sie erzählten dann noch, daß sie nicht überall so freundlich aufgenommen worden seien. Es habe auch Leute gegeben, die ihnen die Tür vor der Nase zugeschlagen und gesagt hatten, sie sollten sich lieber um die Armen in diesem Land kümmern, als um die Schwarzen da unten, die ja doch nur zu faul zum Arbeiten seien.

Als die kleinen Könige davon erzählten, sah man ihnen die Enttäuschung an, daß es Menschen gab, die ein bittendes Kind abweisen konnten. Sie wollten Kindern helfen, die viel ärmer waren als sie, und es gab hier Menschen, die diese Armut dort nicht sehen wollten.

Da flüsterte der kleine Bub seiner Mutter etwas ins Ohr. Sie schaute ihn zunächst erstaunt an, dann nickte sie langsam. Der Bub ging in sein Zimmer und brachte seine kleine Sparkasse. Die Mutter sperrte sie auf, nahm die Münzen und Geldscheine heraus und gab sie ihrem Kind, das sie gleich in die Schatulle legte, die der Mohr trug. Er wolle den Kindern helfen, sagte er. Er habe in einem Film gesehen, wie arm sie seien und er werde ja doch wieder von seinen Eltern und Verwandten etwas für seine Sparkasse bekommen.

Dort unten in dem Land in der Nähe des Äquators hatten die Kinder nach ihrer eintönigen und armseligen Mittagsausspeisung zu spielen begonnen. Mit Steinen und Gräsern, mit Hölzern und Stoffetzen. Sie bauten sich eine kleine Welt zusammen, in der Steine, Gräser, Hölzer und Stoffreste nur noch Symbole für die Gestalten ihrer Fantasie waren.

Von einem Punkt hoch oben am Himmel konnte man die Kinder dort unten sehen und auch den Buben, der sich auf den Schoß seiner Mutter gesetzt und seinen Kopf an ihre Brust gelegt hatte. Von dort oben aber sahen sie nicht mehr wie Fremde aus, auch wenn ihre Hautfarbe anders war. Von dort oben war zu sehen, daß diese Welt ein Ganzes ist.

Entscheidungen

Seit die Menschen auf dieser Erde zu geregelten Formen eines Zusammenlebens gefunden haben, haben sie auch Systeme entwickelt, wer darüber zu entscheiden hat, was in einer Gemeinschaft geschieht. Das Recht des physisch Stärkeren wurde durch verbindliche Normen abgelöst, die in all den Jahrtausenden der Menschheitsgeschichte die unterschiedlichsten Entwicklungen mitgemacht haben.

Heute, wenige Jahre vor einer neuen Jahrtausendwende, sind diese Rechtsnormen keinesfalls in aller Welt gleich. Ganz im Gegenteil! Die Unterschiede zwischen den Demokratien europäischer oder amerikanischer Staaten, den Diktaturen in Afrika, Asien oder Südamerika und den Regierungssystemen kommunistischer Staaten haben unsere Welt in viele Lager geteilt, in denen politische Entscheidungsprozesse nach völlig gegensätzlichen Auffassungen vor sich gehen.

Eines haben alle politischen Systeme gemeinsam: es gibt überall Menschen, die entscheiden und anordnen, es gibt Menschen, die diese Entscheidungen zu akzeptieren haben und gehorchen sollen. Denn in keinem System, in keinem Land, in keiner Gemeinschaft, vermutlich nicht einmal in einer Familie ist es möglich, alle Entscheidungen so zu treffen, daß jeder damit einverstanden ist.

Auch nach langen demokratischen Diskussionen muß der Zeitpunkt kommen, zu dem ein Streitfall entschieden wird. Je größer der Kreis von Menschen ist, die davon direkt oder indirekt betroffen sind, desto schwieriger ist es, alle zufriedenzustellen. Demokratien oder demokratische Vereinigungen streben an, zumindest eine Mehrheit zu gewinnen.

Ein besonders sensibler Bereich sind die Entscheidungen über Personen, die in Führungspositionen berufen werden. In Demokratien werden Politiker vom Volk gewählt. Sie haben sich nach dem Ablauf eines bestimmten Zeitraumes einer Wiederwahl zu stellen. Sie erhalten ein Mandat, einen Auftrag auf Zeit.

In der Wirtschaft, in der Verwaltung, in Unternehmungen anderer Art gibt es sehr viele Formen von Personalentscheidungen. Es können Gremien entscheiden, oder Einzelpersonen, es kann gewählt oder bestimmt werden. Aber wie auch immer solche Entscheidungen zustande kommen, es gibt Kritik, Unzufriedenheit, oft auch offene Ablehnung.

Die Bischofsernennungen in der katholischen Kirche haben eine Flut von Diskussionen ausgelöst. Es ist grundsätzlich gut, daß es diese Diskussionen gibt, denn nichts wäre schlimmer, als die Grabesstille des Desinteresses an dem, was in der Kirche geschieht. Über den Ton dieser Diskussionen kann man jedoch nicht glücklich sein. Es geht doch zuerst um Menschen, um Christen, um Priester.

Sie haben ihr Leben dem Dienst an der Kirche und an den Menschen gewidmet. Sie haben eine Glaubensmeinung, die von vielen als konservativ bezeichnet wird. Doch wer kennt sie wirklich, wer kann aus eigenem Erleben beurteilen, wie sie handeln, was sie denken. Es sind sicher viel weniger, als jene, die nur einen Ruf weitertragen, der diesen neuen Bischöfen vorausgeeilt ist, den sie sich vielleicht selbst zuzuschreiben haben, der aber, wie der Ruf eines jeden Menschen, der in der Öffentlichkeit steht, auch gemacht wurde, von Neidern, von Feinden, von Bewunderern und von Freunden.

Wir alle haben nicht nur zwei, sondern viele Seelen, im Sinn des Goethe-Wortes, in unserer Brust. Wir alle werden von anderen beurteilt und verurteilt, gelobt und verdammt, geachtet und verhöhnt. Kaum jemand kennt alle Facetten der Persönlichkeit eines anderen Menschen. Selbst Mann und Frau, Kinder und Eltern erleben immer wieder Augenblicke, in denen sie einander fremd sind und aneinander Eigenschaften oder Haltungen entdecken, von deren Vorhandensein sie nichts gewußt, oft nicht einmal etwas geahnt haben.

Wer kann wirklich voraussagen, wie sich ein Mensch verhalten wird, wenn er eine bestimmte Aufgabe übertragen bekommt. Es hat in der Geschichte noch nirgends einen Bestellungsmodus gegeben, der garantiert hätte, daß der, der mit einem Amt betraut wird, dieses Amt zur Zufriedenheit aller oder zumindest vieler ausüben werde, weder in der Kirche, noch im Staat. Ebensowenig hat es jemals Menschen gegeben, deren Führungsqualitäten von allen unbestritten waren, weil es eben wirklich niemanden gibt, der fehlerlos ist.

Jeder Mensch, der berufen wird, andere zu führen, braucht das Vertrauen derer, die er führen soll. Er braucht es aber schon zu einem Zeitpunkt, zu dem er noch nicht beweisen konnte, ob es ihm zurecht entgegengebracht wird, er braucht dieses Vertrauen ebenso, wie jeder von uns im täglichen Leben.

Es ist schwierig geworden, andere zu führen, weil die bloße Autorität eines Amtes längst nicht mehr ausreicht, um etwas durchzusetzen. Selbst Kinder stellen die Autorität ihrer Eltern in Frage, wenn es den Eltern nicht gelingt, ein glaubwürdiges Vorbild zu leben.

Auch die Kirche und ihre Amtsträger müssen mit der Kritik ihrer Gläubigen leben. Priester, Bischöfe und selbst der Papst sind zu Menschen geworden, Menschen wie Du und Ich. Die Gläubigen haben begonnen, die Anrede „Brüder und Schwestern" ernstzunehmen, so wie einst, als es noch keine Kirchenfürsten und Exzellenzen, sondern nur Diener Gottes gab.

Es hat aber in dieser Kirche zu allen Zeiten eine Vielfalt von Meinungen und Standpunkten gegeben, die akzeptiert wurden, solange sie bestimmte Grenzen nicht überschritten haben. Vielleicht wäre es manchmal in der Geschichte der Kirche besser gewesen, diese Grenzen weiter zu ziehen, anstatt Spaltungen und Trennungen herbeizuführen und zuzulassen. In der Zeit der Ökumene ist ja auch nicht mehr ernsthaft die Frage zu stellen, in welcher der christlichen Kirchen die besseren Christen seien. Umso weniger ist die Frage zu rechtfertigen, welche Katholiken die besseren seien, die konservativen oder die progressiven.

Sind das wirklich ernstzunehmende Unterscheidungen, wenn es um die Verwirklichung christlicher Werte im Leben von uns Menschen geht? Kann ich Menschlichkeit und Nächstenliebe, kann ich den Glauben an den einen Gott, an die Geburt, den Tod und die Auferstehung Jesu Christi, nach so wandelbaren Begriffen wie „bewahrend" oder „fortschrittlich" klassifizieren. Die Lehre der Kirche ist umfangreich. Die Grundwahrheiten des christlichen Glaubens werden nicht angezweifelt, aber das, was Interpretation durch Menschen ist, wird unterschiedlich beurteilt. Wo immer jedoch diese Menschen in der Kirche stehen, welchem

Flügel sie auch zugerechnet werden, sie müssen dort zueinander finden, wo Liebe und Brüderlichkeit, wo die Botschaft des Evangeliums gelebt wird, wo Christen wirklich Christen sind.

Politiker

Die Politik ist ins Gerede gekommen. Nicht heute und nicht gestern, schon vor langer Zeit. Aber was ist lange? Es sind nach unseren Begriffen zehn Jahre, möglicherweise auch erst fünf Jahre. Vielleicht sollte ich sagen, die Politiker sind ins Gerede gekommen. Wir machen jedoch nicht viel Unterschied zwischen Politik und Politikern, weil uns die Diskussionen um Politiker meist ohnehin viel mehr interessieren, als die Politik selbst.

Wir brauchen für alles eine Personifizierung. Es ist für uns viel leichter, Personen zu loben oder zu kritisieren, als Sachpolitik zu analysieren. Das Bild auf der Titelseite einer Zeitung bewegt viel mehr die Gemüter, als die Sachanalyse im Kommentarteil. Im elektronischen Medium wird das noch viel deutlicher. Der Kopf, das Gesicht eines Politikers dominiert. Der telegene Spruch bleibt im Ohr, nicht die Sachaussage.

Wie will man auch in einer oder in zwei Minuten ein Sachproblem umfassend darstellen? Wir haben uns daran gewöhnt, in Schlagzeilen informiert zu werden. Die Überschrift reicht aus, was darunter steht, kann vergessen werden. Was interessiert uns überhaupt die Politik? Der einzelne kann ohnehin nichts machen, die da oben, wie wir so gerne zu den Politikern sagen, die da oben richten es sich schon. Und wieder sind es die Personen, die Menschen, die Politik machen, für die Politik Beruf ist.

Manche verachten die Politiker. Für viele sind sie

ein notwendiges Übel, die meisten vergessen darüber, daß sie Menschen sind, wie wir alle. Sie haben gute Eigenschaften und sie haben Schwächen. Aber sie stehen in der Auslage dieser Gemischtwarenhandlung Staat, in der es fast alles gibt, auf Regalen, in Schubladen und auch unter der Budel.

Wir lassen uns schon manchmal von dort unter der Budel etwas herausgeben. Nicht ohne uns vorher verstohlen umzublicken, ob wir nicht gerade beobachtet werden. Aber wer schaut schon auf uns und außerdem, wir stehen ja nicht vorne in der ersten Reihe in der Auslage.

Wenn wir zuhause in den Spiegel schauen und wirklich ganz allein mit uns sind, dann sehen wir manchmal die trüben Flecken in unserem Spiegelbild. Vielleicht machen sie uns sogar traurig und wir nehmen uns vor, in Zukunft gegen unsere Schwächen anzukämpfen.

Wir schauen viel seltener in den Spiegel, als auf jene, die vorne stehen. Dort, wohin wir sie mit unserem demokratischen Wahlrecht gestellt haben. In unserem Parteienstaat ist das zwar eher eine theoretische Definition, da wir ja nur Parteien und allenfalls noch den Mann an der Spitze einer Partei wählen. Die weitere Auswahl obliegt danach den Gremien, wie es so schön in unserem Politjargon heißt.

Was erwarten wir von den Männern und Frauen, die ein politisches Amt annehmen? Zuerst sollen sie ihre Arbeit ordentlich tun, dann sollen sie aber auch Vorbild in der Verwirklichung gesellschaftlicher Wertvorstellungen sein. Ehrlichkeit, Unbestechlichkeit, Geradlinigkeit sind einige der Eigenschaften, die wir von Politikern fordern. Bedarf das einer übermenschlichen Anstrengung, nach solchen Begriffen sein Leben auszurichten? Das sind doch bloß Grundsätze, die wir unseren Kindern auf den Weg in die Welt der Erwachsenen mitgeben. Leben wir selbst danach? Wieviel Unehrlichkeit gibt es allein in den Beziehungen von Mensch zu Mensch, in unseren Ehen, in unseren Freundschaften, in unserem Berufsleben. Wie oft streben wir nur nach unserem eigenen Vorteil, statt auch an unsere Mitmenschen zu denken? Oder wir nützen unsere Macht aus, um andere zu unterdrücken. Oder wir sagen die Unwahrheit, wenn sie uns bequemer erscheint, als die Konfrontation. Oder wir geben Liebe, Freundschaft und Mitgefühl vor, ohne innerlich berührt zu werden. Oder, oder, oder . . .

Dann stehen dort vorne auf der Bühne im grellen Rampenlicht die handelnden Personen der Politik. Die Minister, Kanzler, Präsidenten und all die anderen Amtsträger und Mandatare. Wer sich auf ein Podest stellen läßt, oder es selbst erklimmt, gehört zu jenen, die im Lichte stehen. Und man sieht eben nur die im Lichte, die im Dunkeln sieht man nicht.

Ich weiß nicht, was Menschen motiviert, in die Politik zu gehen. Vermutlich hat jeder seine ganz persönlichen Gründe, die da sein können: Streben nach Macht, Anerkennung nach Popularität, nach guter Entlohnung, oder auch das Streben danach, in diesem Staate etwas zu bewegen, zu bewirken, Ideen umzusetzen, zu verwirklichen.

In Wahrheit wird von alledem ein bißchen mitspielen, bei dem einen wird dieses Motiv, bei dem anderen ein anderes stärker ausgeprägt sein.

Fast alle werden mit guten Zielen in die Politik gehen, vor allem, wenn sie jung sind, weil fast alle Menschen in den Jahren ihrer Jugend Visionen und Wunschträume haben, die sie verwirklichen wollen.

Dann kommt nach wenigen oder nach vielen Jahren der Alltag der Politik, das mühsame Suchen von Wegen, die von möglichst vielen akzeptiert werden, der Kampf gegen Widerstände jeder Art, gegen Verleumdung, Unterstellung und Neid, der Kampf gegen die eigene Trägheit und Resignation.

Noch etwas anderes muß der Politiker lernen: den Umgang mit der Liebedienerei, dem Schmeicheln, der Unterwürfigkeit jener, die glauben, auf diese Weise sich den Politiker gefügig zu machen. Hier eine Gefälligkeit, dort eine Gefälligkeit, das alte „do ut des" – ich gebe, damit auch Du mir gibst, oder „manus, manum lavat" – eine Hand wäscht die andere. Der Weg der Gefälligkeiten kann durchaus auch zu einem Weg des Drucks werden. Die Lobbies, die Interessensgruppen, wissen schon, wie sie die unsichtbaren Fäden zu ziehen haben, an denen, wie bei Marionetten, die Gliedmaßen von Politikern hängen.

Hat jeder die Kraft, diese Fäden zu durchtrennen, sich unabhängig zu machen? Hat jeder die Kraft, den Gefälligkeiten zu widerstehen, mit denen sein Wohlwollen erkauft werden soll?

Es gibt Menschen, die nicht korrumpiert werden können, nicht durch Gefälligkeiten, nicht durch Druck. Es gibt sie in der Politik ebenso, wie in allen anderen Berufen und Lebensbereichen. Sie sind nicht die Regel, aber auch nicht bloß die seltenen Ausnahmen. Über sie wird sehr selten geredet. Sie werden selten gelobt, vielleicht sind sie den vielen anderen, die den menschlichen Schwächen gar zu oft und zu gerne nachgeben, sogar ein wenig unheimlich.

Es wird daher auch bei ihnen nach Fehlern gesucht, mit besonderer Akribie, manchmal auch mit widerwärtigen Methoden. Und wer hat in seinem Leben, in seiner Vergangenheit gar keine dunklen Punkte?

Es ist leicht, über andere herzufallen, mit dem Finger auf jene zu zeigen, die grell beleuchtet in der Öffentlichkeit stehen, oder von den Medien in die Öffentlichkeit gestellt werden. Kein anderes Thema findet so breiten Raum in der medialen Auseinandersetzung, wie die Diskussion um Personen. Die geifernde Menge liebt es noch immer, zum Pranger zu ziehen und auf die Menschen am Pranger mit Fingern zu zeigen, sie anzuspucken und noch mehr zu demütigen. Der Bildschirm zu Hause im Schlafzimmer und die Zeitung zum Frühstückskaffee, das sind die Pranger des 20. Jahrhunderts geworden.

Wir verurteilen lange, bevor ordentliche Gerichte ihr Urteil gesprochen haben. Wir verurteilen auch dort, wo Gerichte gar nicht zuständig sind, weil es um Moral und Ethik in der Politik geht.

Wir haben das Recht, von den Menschen in der Politik ein hohes Maß an Ethik zu verlangen und sie zu Konsequenzen zu drängen, wenn sie nicht willens sind, diese Ethik zu leben. Wir haben aber auch die Pflicht, tagtäglich unsere eigene Ethik zu prüfen, die Ethik von uns allen, die wir die Gesellschaft sind, aus der die Politiker kommen und die sie repräsentieren.

Spielende Kinder

Eine Gruppe von Kindern tollt durch den Park. Die Bäume sind ohne Laub, das Gras ist braun und flach gedrückt, auf den Sträuchern sind die Spuren des Reifs zu sehen, der sich von den Morgenstunden in den Vormittag retten konnte. Winzige, fast unsichtbare Wassertropfen schweben in der Luft und setzen sich auf die Gesichter der Menschen, die zu dieser Stunde durch den Park gehen.

Es ist ein grauer, nebeliger Vormittag. Draußen, außerhalb der Stadt, gar nicht weit weg von hier, scheint die Sonne. Die Menschen, die durch den Park gehen, wissen das nur von den Wettermeldungen im Radio. In der Stadt haben sie schon viele Tage lang die Sonne nicht gesehen. Die kleinen Nebeltropfen setzen sich auch in den Mänteln fest und lassen die Menschen frösteln. Die Wege sind naß, nur das Grau des Himmels spiegelt sich darin. Die Kinder sind warm angezogen, Stiefel an den Füßen, Mützen auf dem Kopf. Sie laufen über die braunen Grasflächen und spielen Fangen. Sie scheinen unermüdlich zu sein. Hin und wieder machen sie eine kurze Pause, aber gleich geht das lustige Spiel weiter. Sie lachen und lärmen. Ihre Fröhlichkeit übertönt das stumme, frostige Grau dieses Nebeltages in der Stadt.

Die Gesichter sind erhitzt, die Haare hängen in die Stirn und so manche Mütze ist öfer im feuchten Gras, als auf dem Kopf ihres Besitzers. Das Lachen der Kinder ist in allen Ecken des Parks zu hören. Es hüpft über die nassen Wege und Grasflächen, springt auf die Äste der kahlen Bäume, verheddert sich in den Sträuchern und gelangt dann doch zu den Ohren der Menschen, die im Park spazieren gehen oder durch den Park hindurch zu einem anderen Ziel eilen.

An manchen scheint das Lachen abzuprallen. Sie hüllen sich noch mehr in ihre Mäntel ein, um die nasse Kälte nicht zu spüren und sie sperren mit der Kälte auch das Lachen der Kinder aus. Einige schauen dem Spiel der Buben und Mädchen zu und beginnen selbst ein wenig zu lächeln. Es scheint, als würden sie an ihre eigene Kinderzeit zurückdenken. Ein Mann bleibt stehen. Mit seinen Augen verfolgt er die Kinder. Er setzt sich auf die Rückenlehne einer Bank und schaut dem Spiel der Kinder zu. Er hört ihr Lachen, er sieht das Leuchten in ihren Gesichtern und spürt die Fröhlichkeit, die längst das Grau des Tages besiegt hat.

Er hat Zeit, kein Termin jagt ihn, niemand wartet auf ihn. Wann war er zum letzten Mal so unbeschwert fröhlich gewesen, so wie diese Kinder? Vor ein paar Tagen hatte er in seinem Schreibtisch Ordnung gemacht. Da waren ihm alte Fotos untergekommen. Nicht Fotos aus seiner Kindheit, aber die Aufnahmen lagen doch schon ziemlich lang zurück. Er war jung damals, als diese Fotos gemacht worden waren. Es waren Bilder dabei, auf denen er herzlich lachte, so als hätte es damals gar nichts gegeben, was ihm Sorgen machte.

Warum fällt es ihm heute so schwer, fröhlich zu sein, den Ballast von seiner Seele abzuwerfen, aus ganzem Herzen zu lachen und sich wirklich zu freuen. Wenn er manchmal mit Freunden beisammen ist, fragen sie ihn, warum er so ernst sei, so abweisend. Manche sagen sogar, warum er so böse schaue. Er lacht dann und sagt den Freunden, sie würden sich das nur einbilden, er sei weder traurig, noch abweisend und schon gar nicht böse. Er hat auch nicht das Gefühl, bedrückt zu sein, aber sein Gesicht scheint doch mehr von seinem Inneren zu erzählen, als er selbst zuzugeben bereit ist.

Die besonders ausgelassene Heiterkeit war ohnehin nie seine Sache gewesen. Diese schenkelklatschende Gaudi, die derben und geschmacklosen Witze, das war nie die Art von Fröhlichkeit, die ihm zugesagt hätte. Aber früher, als er jung war, hatte er oft in geselligen Runden so lachen können, daß ihm die Tränen gekommen sind.

Er schaut wieder zu den Kindern, die jetzt ganz in seiner Nähe spielen. Er denkt an seine eigenen Kinder, die schon erwachsen sind. Er sieht sie sehr selten, sie leben ihr Leben. Zwei wohnen in einer anderen Stadt, sein ältester Sohn gar in Amerika. Seine Frau hat ihn schon lange verlassen, als die Kinder noch in die Mittelschule gegangen waren. So ist er heute allein, ohne Familie.

Er hat sich an dieses Leben gewöhnt, aber die Gabe, fröhlich zu sein, unbeschwert zu lachen, ist ihm abhanden gekommen. Manchmal blitzt etwas von seiner früheren Heiterkeit in ihm auf, wenn er frohe Menschen um sich hat; Menschen, von denen er weiß, daß sie ihm wohl gesinnt sind. Oft gelingt es auch ihm, anderen Frohsinn mitzugeben, wenn sie betrübt und bedrückt zu ihm kommen, weil sie an einer Lebenssituation schwer tragen.

Seit er selbst durch manche Krisen hatte gehen müssen, war seine Kraft, andere zu stützen, größer geworden. Im Laufe seines Lebens ist er an vielen Stationen vorbeigegangen. Überall wurde ihm etwas aufgeladen, selten wurde ihm etwas abgenommen. Manche Last ist schwerer geworden, nachdem er sie auf seinen Rükken genommen hatte. Dann und wann hatte er geglaubt, sie würde ihn erdrücken, er würde zusammenbrechen. Aber er hatte nie resigniert. Wenn es am schwersten war, sind ihm andere Menschen begegnet, die ihm geholfen haben, die Last zu tragen. Er hatte sich wieder aufrichten können, um seinen Weg fortzusetzen. In solchen Situationen hatte er sich oft die Frage gestellt, ob es ein Zufall sei, daß ihm gerade dann ein bestimmter Mensch entgegenkam, der bereit war, ein Stück mit ihm zu gehen, oder ob es die Boten eines barmherzigen Gottes waren, der ihn in all seinem menschlichen Elend nicht allein ließ.

Ist nicht auch das Lachen dieser spielenden Kinder hier im Park eine Botschaft, denkt er jetzt? Und er merkt, daß sein Gesicht ganz naß geworden ist von den feinen Wassertropfen des Nebels. Auch sein Mantel fühlt sich feucht an. Er streift die Tropfen ab, steht auf und geht auf den Weg zurück, der noch immer naß glänzt. Es kommen ihm Menschen entgegen, deren Gesichter so grau sind, wie der Nebeltag. Er möchte ihre Gedanken lesen, aber diesen Gesichtern ist nichts zu entnehmen. Sie gleichen dem geschlossenen Visier einer Rüstung.

Er geht langsam zum Ausgang des Parks. Eine Frau kommt und ruft laut einen Namen. Der Ruf geht eines der spielenden Kinder an. Ein Bub winkt seinen Freunden zu und läuft zu seiner Mutter. Seine Augen strahlen, er lacht über das ganze Gesicht und schmiegt sich an seine Mutter, die ihn zärtlich an der Hand nimmt und die feuchten Haare aus seiner Stirn streicht.

Der Mann hört noch, wie das Kind seiner Mutter erzählt, was sich alles beim Spielen ereignet hat. Die fröhlichen Kinderstimmen bleiben in seinem Ohr. Auch als er längst den Park verlassen hat und zu seinem Haus zurückgegangen ist.

Die graue Nebeldecke ist noch immer über den Häusern der Stadt, die Fassaden wirken farblos und Straßen und Gehwege sind naß und schmutzig. Aber das Lachen der Kinder ist in seinem Herzen geblieben und es läßt auch ihn lächeln.

Das goldene Kalb

Ich glaube, es ist jetzt schon gut zwanzig Jahre her, seit ich zum ersten Mal in Berlin war. Dort hat mich vieles beeindruckt, wie wohl jeden Besucher dieser Stadt. Berlin war und ist für mich eine Stadt, in der ich durchaus auch leben könnte, weil sie trotz ihrer unmenschlichen Mauer unerhört viel Vitalität ausstrahlt.

Aber das ist es nicht, was ich Ihnen erzählen wollte. Ein Erlebnis ist mir ganz besonders in Erinnerung geblieben. Mein erster Besuch im KaDeWe, dem Kaufhaus des Westens. Damals, in den sechziger Jahren steuerten wir gerade dem Höhepunkt unserer Entwicklung zur Konsumgesellschaft zu. Wir hatten uns an Überfluß und Luxus gewöhnt. Nicht ausschweifend, aber doch im Rahmen unserer damals gar nicht so geringen Möglichkeiten.

Das galt natürlich auch für eine der Lieblingsbeschäftigungen in allen Ländern, für das Essen. So kannte ich aus meiner Heimatstadt eine Reihe von Delikatessenläden, in denen viele Köstlichkeiten zum Kauf und zum Verzehr angeboten wurden. Die Menschen, die die Kriegszeit und die noch kargen fünfziger Jahre erlebt hatten, waren durchaus bereit, einen nicht unerheblichen Teil ihres Einkommens für Speis und Trank auszugeben. Wobei es ihnen nicht nur darum ging, den Hunger zu stillen, unter dem sie vielleicht jahrelang gelitten hatten, nein, sie delektierten sich durchaus an den Freuden des Gaumens, an jenen

Freuden, die ihnen so lange vorenthalten worden waren.

Damals gab es auch die Weight Watchers noch nicht, die Nouvelle Cuisine mit ihren schmackhaften Miniaturportionen war noch nicht erfunden und man legte die überflüssigen Fettpölsterchen keinesfalls auf die Goldwaage. Ja selbst Bodybuilder und Fitneßpäpste zählten damals mehr oder minder zu belächelten Zeitgenossen.

Jeder fand es verständlich, daß eine Generation, die so lange hatte darben müssen, sich jetzt dafür schadlos halten wollte. In dieser Zeit also kam ich in die Lebensmittelabteilung des Berliner KaDeWe. Was ich dort sah, hatte ich vorher noch nie und nirgends gesehen. Die Regale eines ganzen riesigen Stockwerkes dieses Kaufhauses gingen über von erlesensten und ausgefallensten Delikatessen. Manche dieser Köstlichkeiten kannte ich damals nicht einmal dem Namen nach, geschweige denn, daß ich sie jemals zuvor gegessen hätte. Das legendäre Schlaraffenland hatte ich mir zwar ein wenig anders vorgestellt, aber als ich jetzt vor dieser Überfülle kulinarischer Spezialitäten stand, wartete ich wirklich nur noch darauf, daß von irgendwoher die gebratenen Tauben in meinen Mund geflogen kämen.

Ich hatte vorher noch nie ein so opulentes Symbol für den Überfluß der westlichen Industriegesellschaft gesehen. Berliner sagten mir damals, daß sie mit diesem überdimensionalen, luxuriösen Warenangebot auch wirklich ein Symbol des reichen Westens gegenüber der armen DDR jenseits der Mauer aufbauen wollten.

Wir waren damals schon sehr weit mit dem Bau des

goldenen Kalbes, um das wir herumtanzten und das wir anbeteten. Viel Zeit ist seither vergangen. Längst geht in der Wirtschaft nicht mehr alles so, wie wir es in den Jahren der Hochkonjunktur gewohnt waren. Von manchem, was wir damals liebgewonnen und als selbstverständlich hingenommen hatten, mußten wir inzwischen Abschied nehmen. Aber das goldene Kalb ist stehen geblieben. Wir starren es noch immer bewundernd an. Wir glauben, in der Erfüllung materieller Wünsche unser Heil zu finden. Wenn auch die Gruppe der Menschen, die an der Armutsgrenze oder darunter leben müssen, größer geworden ist, so ist sie doch noch immer klein, gemessen an der Zahl jener, die am Wohlstand Anteil haben. Diesem Wohlstand jagen sie auch nach. Sie sind weit davon entfernt, wirklich reich zu sein, wollte man Reichtum etwa am Reichtum arabischer Ölmillionäre und Milliardäre messen, aber sie raffen an sich, was sie nur können.

Geschickte Werbestrategen nutzen diese Eigenschaft der Menschen aus und reden uns ein, daß Konsum und Besitz glücklich machen. Und daß nur sie glücklich machen und daher das einzig erstrebenswerte Ziel jedes einzelnen sein müssen. Diesem Ziel darf nichts entgegengestellt werden. Alle Hindernisse sind möglichst zu beseitigen.

So wird etwa seit Jahren in unserem Land über die Öffnungszeiten der Geschäfte diskutiert. Am besten wäre es, sie hätten rund um die Uhr geöffnet, wie etwa in den Vereinigten Staaten von Amerika. Die Lust am Kaufen darf durch nichts beeinträchtigt werden. Die Banken wollen ihr Geld unters Volk bringen und machen den Konsumenten weis, daß sie sich alle Wünsche erfüllen können, auf Pump natürlich. Und wer rechnet denn schon nach, was ein Kredit kostet.

Früher einmal war es auch gar nicht so leicht, einen Bankkredit zu bekommen. Heute wird er den Bankkunden beinahe aufgedrängt. So beginnt sich für viele ein verhängnisvolles Karusell zu drehen. Wünsche werden geweckt, das Geld dafür wird angepriesen, die Rückzahlungen werden zur Last, neue Einkommensquellen müssen erschlossen werden. Statt Freizeit und damit auch Konsum zu genießen, werden Nebenjobs legal, oder noch besser, im Pfusch gesucht und der Sinn des Lebens erschöpft sich im Konsumieren, für das allerdings kaum noch wirklich Zeit bleibt, weil die Jagd nach dem Geld immer aufwendiger wird.

Die Meisten merken nicht einmal, daß sie wild um das goldene Kalb tanzen, das zwar manche Sprünge und Risse bekommen hat, aber nach wie vor hoch oben auf einem mächtigen Sockel steht und mit seinem Glanz alle blendet, die es hingebungsvoll anstarren. Sie können daher gar nicht mehr sehen, daß es auch noch andere Werte gibt.

Ein Freund sagte mir einmal, als wieder um die Öffnungszeiten der Geschäfte diskutiert wurde, er sehe in den Forderungen nach einer durchgehenden Öffnungszeit nur ein weiteres Anheizen der bloßen Konsumlust. In den südlichen Ländern Europas sei die Siesta eine Selbstverständlichkeit. Nicht nur wegen der klimatischen Gegebenheiten, sondern auch deshalb, weil der Körper des Menschen am frühen Nachmittag eine Phase der Entspannung brauche. Und überhaupt, sinnierte er weiter, man dürfe doch die Menschen nicht immer nur dazu animieren, einzukaufen, zu konsumieren und das Geld gleichsam beim Fenster hinauszuwerfen. Man solle sie zu sinnvolleren Tätigkeiten hinführen. Ich weiß nicht, ob eine Liberalisierung der Ladenschlußzeiten wirklich so gravierende Verhaltensänderungen der Menschen bewirken würde, aber es hat den Anschein, als würden die Menschen viel mehr kaufen, als sie brauchen. Wir stehen vor übervollen Regalen und mokieren uns darüber, wenn nicht zu jeder Zeit alles angeboten wird, wonach uns gerade gelüstet.

Inmitten dieses materiellen Überflußes stoßen wir jedoch erschreckend oft auf menschliche Leere. Ziele, die angestrebt werden, sind meist nur Etappen auf dem Weg zu immer mehr Besitz. Und dann sitzen diese Menschen in teuer eingerichteten Wohnungen und Häusern, hätscheln ihr Statussymbol Auto, machen kostspielige Urlaubsreisen und vergessen auf die immateriellen Dimensionen eines Menschenlebens. Sie tun gerade so, als könnten sie all das , was sie erwerben, ewig besitzen. Sie verdrängen den Gedanken daran, daß sie nur eine beschränkte Zeitspanne auf dieser Erde leben und früher oder später von all den Dingen, die ihnen so viel bedeuten, Abschied nehmen müssen. In den Königsgräbern Ägyptens liegen die Mumien von Menschen, die einmal über ungeheure Besitztümer verfügt haben. Einiges davon hat man ihnen ins Grab mitgegeben und die, Touristen können das bestaunen, was die Grabräuber vergangener Jahrhunderte übrig gelassen haben. Da stehen wir dann vor wertvollen Gefäßen, Münzen, Schmuckstücken und fragen uns: „Was ist denen, die all das einstmals besessen haben, davon geblieben?“ Fragen wir auch uns: „Was wird uns von all dem Tand, dem wir nachjagen, einmal bleiben?“

Ostern

„Ich bin gewiß, daß alles in Freude enden wird." Diesen Satz Reinhold Schneiders las ich auf einer Karte, die einem Bedrückten Trost, Hoffnung und Zuversicht geben sollte. Es gibt im Leben eines Menschen so vieles, das ihn zweifeln läßt, ob er noch jemals Freude empfinden wird können.

Ist es vermessen, sich nach Freude zu sehnen? Das Bild vom Tal der Tränen, durch das wir gehen, in dem wir stolpern, fallen, uns mühsam wieder aufrichten, ist für viele die Wirklichkeit ihres Lebens. Dort gibt es keine Gewißheit, daß alles in Freude enden werde, dort gibt es nur die Sehnsucht nach Freude.

Der Frühling ist ein neuer Anfang in der Natur. Aus Zweigen, die grau und trocken waren, sprießen Knospen, aus der Erde wachsen Gras und Blumen, die weiße Decke aus Schnee zieht sich in Bergregionen zurück. Wir sehen das Erwachen der Natur und spüren es in unserem Körper.

Seit Menschengedenken ist es gewiß, daß auf den Winter der Frühling folgt, daß die tote Winterlandschaft zu neuem Leben erwacht, daß Schnee, Eis und Kälte nicht Ende sind, sondern nur Abschnitt in einem Kreislauf, der sich ständig wiederholt.

Vieles von dieser Wechselhaftigkeit der Natur haben wir in bildhaften Redensarten auf unser Menschenleben übertragen. So wie auf dunkle Regenwolken wieder Sonne folgt, auf die Finsternis der Nacht das Licht des Tages, auf das Sterben der Blumen und Blätter das Grünen und Blühen, so wünschen auch wir in vielfältigen Sinnsprüchen uns selbst und anderen, daß auf Leid Freude folgen möge. Was der Natur in so gesetzmäßiger Abfolge gewährt wird, das müßte doch auch auf uns Menschen übertragbar sein.

Aber für uns Menschen gibt es diese Gesetzmäßigkeit der Abfolge nicht, wir können keine Zeitpunkte festlegen, wann die Phasen des Schmerzes und der Trauer, den Phasen der Freude und des Glücks Platz machen. Wir sagen, daß Zeit Wunden heilt, aber wir können die Dauer des Heilungsprozesses nicht vorhersehen.

Wir nähern uns dem Jahre 2000. Schon lange sagen wir nicht mehr: „nach Christus", aber unsere Zeitrechnung hat mit der Geburt Christi begonnen. In der Karwoche gedenken wir seines Todes, zu Ostern feiern wir seine Auferstehung.

Wir können an den Grundfesten des christlichen Glaubens rütteln, wie wir wollen, wir können die christlichen Festtage zu bloßem Freizeitspaß degradieren und wir können an der Gottheit Jesu Christi zweifeln, aber wir werden in diesem Abendland und wir werden in dieser Welt die Spuren nicht auslöschen können, die in 2000 Jahren der Glaube von Menschen an Jesus Christus hinterlassen hat.

Der Mensch, der diesen Namen trug, hat für uns Blut geschwitzt, er ist für uns gegeißelt und mit Dornen gekrönt worden und er ist für uns am Kreuz gestorben. Er hat all die Grausamkeiten geduldet, zu denen Menschen fähig sind. Er ist auf dieser Erde durch die Hölle des Leidens gegangen. Das Kreuz, an dem er starb, ist zum Symbol des Christentums geworden.

Auch wir sprechen von einem Kreuz, das wir zu

tragen haben, unter dessen Last wir manchmal zusammenbrechen, und vergessen, daß Christus für uns gelitten hat und für uns gestorben ist.

So vieles, was in den Evangelien geschrieben steht, können wir mit unserem Verstand nicht begreifen. Wir können uns Gott in seiner Dreifaltigkeit nicht vorstellen, seit man uns die lieblichen Bilder von dem alten Mann mit dem langen weißen Bart und von der Taube, die vom Himmel herabschwebt, genommen hat. Wir können auch das Wunder der Menschwerdung Gottes nicht begreifen, nicht mit unserem Verstand wahrnehmen, aber den gekreuzigten, geschundenen Christus können wir mit unseren Sinnen erfassen.

Warum, so fragen wir, hat Gott gerade vor 2000 Jahren den Menschen in Jerusalem seinen Sohn gesandt, warum hat sich in dieser uns so unendlich lang erscheinenden Zeitspanne von zwei Jahrtausenden dieses Zeichen Gottes nicht mehr wiederholt?

Der Sohn Gottes, der Mensch geworden ist und den die Menschen, zu denen er gekommen ist, gefoltert, geschmäht und getötet haben, hat nur einmal gelebt, aber sein Tod auf dem Kreuz war nicht sein Ende. Er ist auferstanden, er hat diesen Tod überwunden und uns im Glauben an das ewige Leben die schönste Hoffnung gegeben, die wir Menschen haben.

Wie aber gehen wir heute mit diesem Jesus Christus um? Wir geißeln ihn, wir setzen ihm die Dornenkrone auf und wir schlagen ihn ans Kreuz! Denn wir mißachten seine Gebote und nehmen seinen Auftrag nicht ernst. Wie weit sind wir davon entfernt, das Böse in dieser Welt zu überwinden?

Wenn wir zu uns selbst ganz ehrlich sind, wenn wir an uns so strenge Maßstäbe anlegen, wie wir es an anderen tun, dann müssen wir wohl erkennen, daß auch wir viel zu wenig Kraft aufwenden, um gegen das Böse wirklich anzukämpfen, ja daß wir selbst viel zu oft Gutes unterlassen und Böses tun.

Christus hat den Menschen dieser Erde gesagt, daß er unter ihnen ist, daß sie ihn in ihren Mitmenschen erkennen können, in den Geringsten ihrer Brüder. Was sie denen tun, das tun sie ihm, das Gute, aber auch das Böse.

Ich weiß nicht, was wir Menschen heute mit dem leibhaftigen Christus tun würden, aber ich weiß, was wir mit den Menschen tun, in denen wir ihn erkennen sollten. Das Gebot, sie zu lieben, wie uns selbst, scheinen wir längst vergessen zu haben. Urs von Balthasar sagt: „Der Mensch kann sich verlaufen und sträuben, wie er will – Gott nimmt das Angebot seiner Liebe nicht zurück, auch nicht im Leid und angesichts der größten Bosheit. Das Kreuz ist der Ernstfall der Liebe."

Wenn wir diese Worte Urs von Balthasars auf uns Menschen übertragen, dann müssen wir erkennen, wie kläglich unser Angebot der Liebe ist, oder dessen, was wir Liebe nennen.

Nach den Tagen der Karwoche ist das Osterfest die freudigste Botschaft des christlichen Glaubens. Wir gehen unseren Weg auf dieser Erde, ein paar Jahrzehnte lang, wir nehmen Schicksale an oder lehnen uns dagegen auf, wir beten zu Gott oder hadern mit ihm, wir schieben ihn zur Seite oder machen ihn zum Mittelpunkt unseres Lebens.

Wir kommen jedenfalls nicht an der Frage vorbei, was die Auferstehung Jesu Christi für uns Menschen bedeutet. Was bleibt uns, wenn wir sie leugnen? Wenn der Tod Christi das Ende gewesen wäre, wenn unser

Tod das Ende bedeutet, dann müßten wir wohl das Bild vom Tal der Tränen bemühen, aus dem es keinen Ausweg gibt.

Wenn wir an die Auferstehung glauben, dann sehen wir an den Berghängen dieses imaginären Tales die Osterfeuer in einer dunklen Nacht und vorne am Horizont das strahlende Licht, das uns verheißen wurde.

Lassen wir doch an diesem Osterfest nicht nur die Natur wieder grünen und blühen, sondern geben wir auch unserer Seele die Kraft des Glaubens, der uns in die Zukunft führt.

Unser Leben wird sinnhaft und reich, wenn wir die Gewißheit haben, daß alles in Freude enden wird.

Abschied von der Kaiserin

Der Stephansdom in Wien. Vor dem Altar der Sarg von Kaiserin Zita. Der Kardinal und die Bischöfe, Erzherzöge, Fürsten, Prinzen und andere Aristokraten, der Bundespräsident, Minister, Abgeordnete und andere Würdenträger der Republik. Sie alle erweisen einer Frau, die 63 Jahre lang fern von Österreich hatte leben müssen, die letzte Ehre. Einer Frau, die einst die Krone Österreichs und Ungarns getragen, die als letzte Trägerin des Namens Habsburg-Lothringen an der Spitze der Donaumonarchie gestanden hatte und die nach langen Irrfahrten ihres Lebens jetzt im Herzen der alten Kaiserstadt ihre Ruhe gefunden hat.

Die tote Kaiserin wird durch die Straßen der Wiener Innenstadt geführt. Unzählige Menschen stehen Spalier, tausende bilden den Trauerzug, sieben Jahrzehnte nach dem Ende der Monarchie. Eine Frau wird zu Grabe getragen, die als letzte das Gottesgnadentum der Kaiserwürde verkörpert hat. Die Menschen verneigen sich vor Österreichs letzter Kaiserin, vor einer großen Vergangenheit, vor einem Menschen, der in seinem langen Leben Größe ausgestrahlt hat, dessen Kraft, sein Schicksal zu tragen, höchsten Respekt verdient.

Zita von Habsburg-Lothringen, die geborene Prinzessin von Bourbon-Parma ist einen Lebensweg gegangen, der nach menschlicher Beurteilung schwer und ungewöhnlich war. Meine erste Begegnung mit der Kaiserin war für mich eines der berührendsten

Erlebnisse. Es war kurz nach ihrer Heimkehr aus dem Exil im Jahre 1982.

In den Sommertagen dieses Jahres war Zita auf Schloß Waldstein in die Steiermark gekommen, zur Familie ihrer Tochter Elisabeth. Ich war verständigt worden, daß Zita bereit war, für das Fernsehen ein Interview zu geben. Wir hatten alle Vorbereitungen getroffen und warteten voll Spannung auf die erste Begegnung mit der Kaiserin. Was ich damals über sie wußte, hatte ich verschiedenen Biographien entnommen und von den selten in Zeitungen erschienenen Bildern hatte ich mir eine Vorstellung gemacht, wie Österreichs letzte Kaiserin jetzt in ihrem 91. Lebensjahr aussehen könnte.

Eine Tür öffnete sich und Zita kam auf uns zu, begleitet von ihrer Tochter und ihrem Enkelsohn. Sie ging auf zwei Stöcke gestützt, den Oberkörper leicht gebückt, den Kopf ein wenig zur Seite geneigt und schon von weitem sah man ein Lächeln in ihrem Gesicht. Sie war schwarz gekleidet, so wie in all den sechzig Jahren seit dem Tode ihres Mannes.

Aus dem Gesicht der alten Dame schien wahrlich ein Glücksgefühl herauszuleuchten und sie machte auch in ihren Worten kein Hehl daraus, daß sie über ihre Rückkehr nach Österreich überglücklich war.

Ich habe mich damals gefragt, was wohl in einem Menschen vorgehen muß, der nach einem 63-Jahre währenden Exil wieder dorthin zurückkehren darf, wo sein Zuhause ist. Da saß ich nun dieser Frau gegenüber, die noch die Legende Franz Joseph erlebt hatte, die an der Seite des letzten österreichischen Kaisers den Zerfall der Donaumonarchie miterleben mußte, die in die Verbannung geschickt worden war, die als

30jährige ihren Mann verloren hatte und die 90 Jahre alt werden hatte müssen, um sagen zu können, sie sei überglücklich, wieder in ihrer Heimat sein zu können.

Hat sich die Kaiserin jetzt mit der Republik versöhnt, wurde sie damals gefragt. „Da gab es nichts zu versöhnen", hat sie geantwortet, „ich habe mein Land immer geliebt"!

Ein paar Tage nach meiner ersten Begegnung mit Zita hatte ich nochmals Gelegenheit, mit ihr ein langes Gespräch zu führen, in dem sie aus ihrer Sicht die letzten Jahre der Monarchie schilderte. Die Versuche des Kaisers, den Krieg zu beenden, die Völker dieses Vielvölkerstaates in einer Föderation wieder zueinanderzuführen, den Staat im Herzen Europas zu retten, dem Vordringen des Kommunismus im Osten einen Riegel vorzuschieben, all das erzählte mir diese Frau, die damals Kaiserin war, Geschichte also nicht nur erlebt, sondern selbst gemacht hatte, die nicht nur Zeugin der Zeit, sondern handelnde Person gewesen war.

Wie oft fragen wir, was wohl gewesen wäre, wenn zu einem bestimmten Zeitpunkt der Geschichte etwas anders verlaufen wäre, als es verlaufen ist. Es ist müßig, solche Fragen zu stellen, weil die Vergangenheit nicht mehr verändert werden kann.

Aber was wäre wirklich geschehen, wenn das Staatengebilde Österreich – Ungarn nicht zerbrochen wäre, wenn Mitteleuropa in welcher Staatsform auch immer, weiter bestanden hätte. Das war auch ein Aspekt der Faszination, die von Zita ausging. War sie doch eine der wenigen Persönlichkeiten, die an diesem Schnittpunkt und Wendepunkt der europäischen Geschichte Schlüsselfiguren der Politik waren.

Aber ebenso wie die historische Größe der Kaiserin,

der ich in späteren Jahren noch mehrmals begegnen durfte, beeindruckte und berührte mich ihre menschliche Größe. Sie hat ihr Schicksal mit einer beispiellosen Würde und Disziplin getragen. Ihrem Mann, dem Kaiser hat sie die Liebe und Treue bis zu ihrem eigenen Tod bewahrt, in all den schweren Jahren des Exils. Sie war ihren Kindern eine vorbildliche Mutter und sie hat ihre eigene Aufgabe in wahrer christlicher Gesinnung im Dienen gesehen.

Menschen, die so handeln und empfinden, sind selten geworden. Man mag sie konservativ nennen, mit jenem abschätzigen Unterton, den Progressive für diese Haltung gerne gebrauchen.

Aber verdienen Menschen, die die Werte, an die sie glauben, auch leben, nicht zumindest den Respekt der Andersgesinnten. In einer Zeit, in der Selbstverwirklichung nur ein anderes Wort für schrankenlosen Egoismus ist, werden jene belächelt, die sich nicht darum raufen, das größte Stück aus dem Kuchen der Genüsse für sich selbst zu ergattern.

Und doch rührt sich in unserem Herzen etwas, wenn wir plötzlich einem Menschen gegenüber stehen, der uns mit seiner Bescheidenheit, seinem einfachen, fast asketischen Lebensstil beschämt. Auch diesen Lebensstil hat Zita verkörpert, aus tiefer und innerer Überzeugung heraus.

Ich habe sie gefragt, was ihr die Kraft gegeben hat, all das zu ertragen, was ihr in ihrem Leben aufgebürdet wurde. Ihre Antwort war einfach und hat Vieles erklärt: „Nur der Glaube an Gott“. So steht auch auf den Andenkenbildern für Zita der Satz: „Fiat volutas Tua“ – „Dein Wille geschehe“. Und eines der täglichen Gebete der Kaiserin war: „Selig sind, die Verfolgung leiden um der Gerechtigkeit willen, denn ihrer ist das Himmelreich. Selig seid Ihr, wenn Euch die Menschen schmähen und verfolgen und alles Böse mit Unwahrheit wider Euch reden um Meinetwillen. Freut Euch und frohlocket, dann Euer Lohn ist groß im Himmel".

Almosen

Es ist Sonntag abends. Vor der Kirchentüre steht ein alter Mann. Er ist schäbig angezogen, sein Haar ist schütter und grau. In der Hand hält er einen Hut. Um diese Zeit kommen die Menschen zur Abendmesse in diese Kirche der Innenstadt. Die Kirchentüre ist im Dunkeln, auf den Bettler fällt das Licht der Straßenbeleuchtung. Es ist ein kaltes Licht, das das Gesicht des Mannes besonders fahl erscheinen läßt. Die grauen Bartstoppeln machen ihn noch älter, als er tatsächlich ist.

Jeden Sonntag abend kommt er hierher, auch unter den Kirchgehern sind viele, die immer zu dieser Abendmesse gehen. Sie kennen den Mann an der Kirchentüre, ohne zu wissen, wer er ist.

Viele gehen an ihm vorbei und tun so, als würden sie ihn gar nicht sehen. Er ist nicht aufdringlich, er steht einfach da, mit seinem Hut in der Hand und wartet. Auch er kennt viele dieser sonntäglichen Kirchenbesucher nur vom Sehen aus.

Manche bleiben stehen, nehmen ihre Brieftasche heraus und geben ihm einen Geldschein. Deutlich sichtbar, nicht verstohlen, sie wollen ihm zeigen, wieviel sie geben. Sie schauen ihm auch in die Augen, so als wollten sie seine Reaktion beobachten. Er murmelt ein Dankeschön, manchmal auch ein Vergelt's Gott.

Einige werfen im Vorübergehen ein paar Münzen in den hingehaltenen Hut. Sie haben eine besondere Technik entwickelt, damit nicht zu erkennen ist, wieviel sie geben. Sie halten die Münzen ganz fest in der geschlossenen Hand und lassen sie erst auf dem Boden des Hutes herausfallen. Diese Menschen schauen dem Bettler nicht ins Gesicht. Sie huschen an ihm vorbei und hören kaum noch seinen Dank.

Andere wieder mustern den alten Mann mit strengen, vorwurfsvollen Blicken. Ihre Mienen drücken aus, was sie am liebsten sagen möchten. Sie halten ihn für einen dieser Menschen, die ohnehin eine Rente bekommen und sich trotzdem nicht schämen, andere Leute anzubetteln. Sie gehen daher mit erhobenem Haupt an dem Bettler vorbei und strafen ihn mit Verachtung, weil sie ihn für einen üblen Schmarotzer halten, der den Platz vor der Kirchentüre dazu mißbraucht, nach Mildtätigkeit zu heischen.

An welchem anderen Platz, wenn nicht vor der Kirche, sollte man auch sonst mit der Großzügigkeit der Menschen rechnen, erwarten doch die, die in die Kirche gehen, auch Großzügigkeit von ihrem Herrgott, vor dem sie ihre kleinen und großen Sünden zu bekennen haben.

Da wird schon vor der Kirchentür die christliche Nächstenliebe auf die Probe gestellt, aber wer kann prüfen, ob der alte Mann dort vor der Kirche wirklich einer ist, der unserer Hilfe bedarf. Also unterstellt man gleich von vornherein, es könne sich nur um einen Schwindler handeln.

So können alle ruhigen Gewissens an ihm vorbeigehen, die sich darüber entrüsten, daß es Menschen gibt, die die Großzügigkeit anderer oder gar das Gebot der praktischen Nächstenliebe schamlos ausnützen. Es muß ja alles seine Ordnung haben und der Bettler paßt nun einmal nicht in die Ordnung unseres Sozialstaates.

Der Mann steht da in seinen zerschlissenen Kleidern

und den ausgetretenen Schuhen, in seinem Hut sind ein paar Geldscheine und einige Münzen. Er zählt nicht nach und nimmt auch nichts heraus, um es in einer Rocktasche den Blicken der Vorbeigehenden zu entziehen.

Die Abendmesse drinnen in der Kirche hat begonnen. Die Gottesdienstbesucher haben sich von ihren Plätzen in den Kirchenbänken erhoben und sie beten jetzt mit dem Priester. Da gehen auch manche Gedanken hinaus vor die Kirche zu diesem alten Mann. Diejenigen, die an ihm vorübergehuscht sind, ohne ihn zu beobachten, sehen ihn jetzt wieder vor sich. Es läßt ihnen keine Ruhe, daß sie seine stumme Bitte ignoriert haben. Die anderen, die ihm etwas gegeben haben, sind zufrieden über ihre gute Tat. Jene aber, die ihn als Schmarotzer eingeschätzt haben, werden jetzt von Unsicherheit befallen. Es fallen ihnen die Worte ein: „was ihr dem geringsten meiner Brüder getan habt, das habt ihr mir getan". Da hätte man ja doch ein paar Bonuspunkte für das Jenseits sammeln können. Aber dann verwerfen sie diese Gedanken doch wieder, man kann sich doch von Schwindlern nicht ausnützen lassen. Es gibt ja genügend Institutionen in Staat und Kirche; die dort helfen, wo Hilfe notwendig und berechtigt ist.

Und sie beten weiter: „Herr erbarme Dich unser, Christus erbarme Dich unser, Herr erbarme Dich unser!"

Ach ja, da waren auch noch die, die mit der Hand ganz tief in den Hut hineingegriffen hatten, damit der alte Mann nicht sehen konnte, was sie hineingaben. Sie hatten es nicht über sich gebracht, einfach vorbeizugehen, aber sie wollten auch nicht wirklich etwas geben. Und so hatten sie ein paar Zehngroschenstücke hineingeworfen, die Ihnen in der Rocktasche ohnehin lästig waren.

Sie sagen jetzt zu sich selbst: „Wenn jeder das gäbe, was ich gegeben habe, dann kämen doch auch einige ganz schöne Beträge zusammen, und der Alte dort draußen, der könnte zufrieden sein."

Der Alte dachte nicht darüber nach, ob er zufrieden war oder nicht, er nahm, was er bekommen hatte.

Es kam jetzt niemand mehr vorbei, also nahm er das Geld aus dem Hut, steckte es in seine Hosentasche und schickte sich an, fortzugehen. Den Hut setzte er nicht auf, er war für ihn nur Mittel zum Zweck. Symbol der Aufforderung an die Vorbeigehenden, ihm Geld zu geben. Er kennt sie alle, die unterschiedlichen Typen von Menschen, denen er auf diesem Platz begegnete. Meistens wußte er schon, wenn er sie von weitem kommen sah, wie sie sich verhalten würden. Selten irrte er sich.

Nur neulich, da war so ein Jüngling in Jeans und Turnpatschen gekommen. Von dem hätte er nie gedacht, daß er in die Kirche gehen und schon gar nicht, daß er ihm, dem alten Mann, etwas geben würde. Doch der Bursche war auf ihn zugeschlendert, hatte in der Hosentasche herumgekramt und ihm einen Hunderter gegeben und dann war er auch noch in die Kirche hineingegangen. Man soll eben doch keine Vorurteile haben, hatte er sich damals gedacht.

Jetzt überlegte er, ob er noch warten sollte, bis die Leute wieder aus der Kirche herauskommen, aber er wußte schon, daß ganz selten einer von denen, die vorher nichts gegeben hatten, seine Haltung änderte.

Er machte sich auf den Heimweg in sein kleines Untermietzimmer in einer Kellerwohnung. Wenn er aus dem Fenster schaute, das vergittert war, sah er den Hinterhof. Sonnenstrahlen kamen nie in sein Zimmer, die Häuserwand gegenüber war viel zu hoch, um jemals die Sonne in den Hof scheinen zu lassen.

Er lebte schon so viele Jahre hier und er war froh, daß er dieses Zimmer bekommen hatte, weil er nicht viel dafür bezahlen mußte. Manchmal, wenn er abends so ganz allein in seinem Bett lag und aus einem kleinen Radio Musik hörte, da träumte er davon, einmal aus diesem Kellerloch ausziehen zu können. Ein paar Straßen weiter hatte er sich einmal eine Wohnung im ersten Stock eines Althauses angeschaut, da hätte er von seinem Fenster aus in den Garten schauen können. Er ist damals lange Zeit beim Fenster gestanden und hat die blühenden Bäume betrachtet, aber der Hausherr hatte eine Ablöse für diese kleine Wohnung verlangt, nicht einmal sehr viel, gemessen an den Preisen auf dem Wohnungsmarkt, für ihn aber war das trotzdem alles unerschwinglich. Er dachte noch oft an dieses Zimmer, das inzwischen schon längst vergeben war. Es sollte wohl ein Traum bleiben.

Als die Abendmesse zu Ende war, gingen die Leute von der Kirche nach Hause. Der Bettler stand nicht mehr vor der Kirchentür. Kaum einer dachte jetzt noch an den alten Mann. Man blieb auf dem Platz vor der Kirche noch ein wenig stehen, plauderte mit Bekannten und wünschte noch einen angenehmen Abend. Ein Sonntag ging seinem Ende zu. Man hatte Freunde besucht, einen ausgedehnten Spaziergang gemacht, ein bißchen im Garten gearbeitet und man war in die Kirche gegangen. Und der Alte vor der Kirchentür war jetzt auch nicht mehr da. Die Welt des Bürgers war wieder in Ordnung.

Sterben

Das Weiß der Wände ist kalt wie Schnee, nein, es hat nur die Farbe des Schnees, es ist viel kälter, weil es hart und abweisend ist. Das Licht des Tages kommt durch das Milchglas der Fensterscheiben, es ist matt und stumpf, ein Licht ohne Leben, ein totes Licht.

Im Krankenhaus liegt ein alter Mann, seine Augen sind geschlossen, die Wangen eingefallen, der Mund ist offen, das Atmen ist ein Röcheln, unregelmäßig rasselt die Luft durch die Öffnung des Mundes in den Schlund hinab, Lippen und Zunge sind trocken. Der Körper ist zugedeckt, nur die Arme liegen auf der Dekke, eine Hand hält sich krampfhaft am Überzug der Decke fest, die andere hängt über den Bettrand hinaus, schlaff und kraftlos. Die Hand ist fahl und ganz dünn, große und kleine braune Flecken sind überall auf dem Handrücken. Eine Hand, die fast nur noch Skelett ist.

Auf diesen Menschen wartet der Tod, er ist der unsichtbare Herr in diesem weißen, kalten Raum. Hier sterben sie fast jeden Tag, Frauen, Männer. Die Gesellschaft hat ihnen diese paar Quadratmeter Lebensfläche zugestanden, für ein paar Stunden, für die letzten Stunden. Die Sterbezimmer sehen fast überall so aus, trostlos, kalt und weiß. Nur selten verirren sich Besucher in diese Räume. Wenn sie kommen, stehen sie ratlos und hilflos vor dem Phänomen des Sterbens. Sie wissen nicht, ob sie dieser Mensch noch hören oder fühlen kann, ob er ihre Gegenwart spürt. Sie sehen das alte eingefallene Gesicht, die unnatürlich spitze

Nase, die leblos hinabhängende Hand. Das Röcheln klingt unnatürlich in ihren Ohren, vor dem Speichel, der aus dem Mundwinkel rinnt, ekelt ihnen.

Da liegt der Mensch, zu dem man Vater oder Mutter, oder auch nur Freund gesagt hat, der welk geworden ist, wie ein Blatt, das vom Baum fiel. Wenn er nur bald erlöst ist, denken viele, manche beten auch darum, aber meinen sie nicht eher sich selbst, weil sie den Anblick des Sterbenden nicht ertragen, weil sie sich scheuen, seine Hand zu ergreifen, seine Stirn zu streicheln oder ihm einen Kuß zu geben.

Am Beginn unseres Lebens sind wir im Schoß unserer Mutter geborgen. Dann werden wir von ihr in die Arme genommen, liebkost und umsorgt. Die Mutter fragt nicht, ob sie das Kind verstehen kann, ob es sie hört oder fühlt, sie gibt, was sie mit ihrer Körpersprache ausdrücken kann.

Auf dem langen Weg unseres Lebens kommen wir am Ende wieder in jenen Zustand der Hilflosigkeit, in dem wir als kleine Kinder waren. Aber dann ist unsere Haut nicht mehr zart, geschmeidig und weich, sie ist alt und runzlig, ausgetrocknet, verdorrt. Unsere irdische Hülle hat ausgedient, sie ist am Ende ihrer Funktionstüchtigkeit angelangt.

Was in unserer Gesellschaft nicht mehr funktioniert, ist Gerümpel, Abfall. Wir werfen es weg auf die Müllhalden, wir schieben es ab in die Sterbezimmer. Denken wir daran, daß vielleicht auch wir einmal weggeworfen und abgeschoben werden?

Unsere arbeitsteilige Welt hat für alles Lösungen gefunden, auch für die Krankheit, das Alter und das Sterben. In den Spitälern werden die Kranken behandelt, in den Altenheimen die Senioren aufbewahrt und in den Sterbezimmern die Menschen in ihrem Kampf mit dem Tod allein gelassen. Das ist so selbstverständlich geworden, daß erst ein schreckliches Versagen dieses Systems, die unmenschliche Mißachtung des Lebens und die grauenhafte Perversion einiger, die zur Hilfe berufen waren, diese Gesellschaft zum Nachdenken aufrüttelt.

Aber denkt sie wirklich nach, diese Gesellschaft? Denken wir nach, oder lassen wir es dabei bewenden, uns zu entrüsten? Wie rasch kommt uns das Argument über die Lippen, daß unsere Wohnungen zu klein sind, um die Alten in unseren Familien leben zu lassen, daß wir keine Zeit haben, Kranke zu Hause zu pflegen und daß wir viel zu wenig davon verstehen, wie wir einem Sterbenden beistehen könnten.

Auf der Jagd nach den materiellen Werten haben wir die Liebe verloren. Wir reden heute mehr von Liebe, als die Minnesänger des Mittelalters, aber wir haben sie auf ein paar dürftige Formen reduziert.

Als meine Tochter noch kleiner war, hat sie mir manchmal gesagt, sie habe mich himmelhoch lieb. Können wirklich nur Kinder diese allumfassende Liebe empfinden? Was wird aus dieser himmelhohen Liebe, wenn das Kind, selbst schon erwachsen, den alten Vater oder die alte Mutter ins Altenheim schickt, oder wenn es am Sterbebett in dem kalten, weißen Zimmer steht?

Die alte Hand, die jetzt wie leblos über den Bettrand hinaushängt, sie ist dieselbe, die das Kind einst gestreichelt und liebkost hat. Jetzt hätte sie die Wärme einer anderen liebevollen Hand nötig, denn der Schritt über die letzte Schwelle unseres Lebens in eine andere unbekannte Dimension verlangt viel Kraft, die wir in der

Leere der Einsamkeit nicht finden können. In allen Phasen unseres Lebens brauchen wir andere Menschen, es ist zu spät, wenn sie erst hinter unserem Sarg hergehen. Ein paar Ärzte und Wissenschaftler auf dieser großen Welt haben erkannt, wie hilfreich und trostvoll es für den Menschen ist, in seiner Sterbestunde nicht allein zu sein, mit jemandem sprechen zu können, jemanden zu fühlen, wenn die sprachliche Kommunikation nicht mehr möglich ist.

Wir wissen das schon seit Jahren und hören und lesen es immer wieder, aber wir tun so wenig. Oh doch, wir werden wieder eine Lösung finden: wir werden diese Aufgabe Menschen übertragen, die dafür ausgebildet und bezahlt werden. Vielleicht fragen wir in den letzten Stunden wirklich nicht mehr danach, wer unsere Hand hält und uns den Schweiß von der Stirne wischt, vielleicht sind wir froh, irgendeinen Menschen in unserer Nähe zu haben. Aber fällt uns denn gar nichts anderes mehr ein, als alles, was uns Mühe macht, was uns etwas von der Substanz unseres Mensch-Seins abfordert, einfach dadurch zu erledigen, daß wir anderen Geld geben, damit sie Nächstenliebe an unseren Nächsten praktizieren?

Wissenschaft und Medizin erforschen immer neue Wege, um das Leben des Menschen zu verlängern, aber die Gesellschaft stellt die Alten an den Rand. Eine gigantische Werbeindustrie macht nur den jungen, leistungsfähigen Menschen zum bestimmenden Leitbild. Mit Salben, Pulvern und Pillen sollen die äußeren Zeichen des Alterns verdrängt werden. Schönheitssalons und kosmetische Chirurgen propagieren den Traum von der ewigen Jugend. Da stören die Alten und Kranken und erst recht die Sterbenden, weil sie uns an die Vergänglichkeit erinnern, also schieben wir sie ab in die Heime, Spitäler und Sterbezimmer.

Wir nennen diese Maschinerie den Wohlfahrtsstaat, der für alle Wechselfälle des Lebens vorsorgt. Unsere Verantwortung für den Mitmenschen delegieren wir an die Institutionen, die aus den namenlosen Steuergeldern finanziert werden. Für jeden von uns werden die Tage des Sterbens kommen, in denen wir dieser Maschinerie ausgeliefert sein werden.

Vielleicht wird man unsere Schreie um Hilfe und Beistand nicht mehr hören, weil unsere Sprache und Stimme versagen werden, vielleicht werden wir auch nicht mehr die Kraft haben, mit unseren Händen jemanden festhalten zu können, vielleicht wird auch unsere Hand leblos über den Betrand hinabhängen und niemand wird sie berühren. Vielleicht werden wir an der Einsamkeit der letzten Stunde in dem weißen, kalten Zimmer verzweifeln, in das sie uns bringen werden, damit wir dort sterben. Dann erst werden wir begreifen, was unsere Gesellschaft den Alten, Kranken und Sterbenden antut, Tag für Tag.

Inhaltsverzeichnis